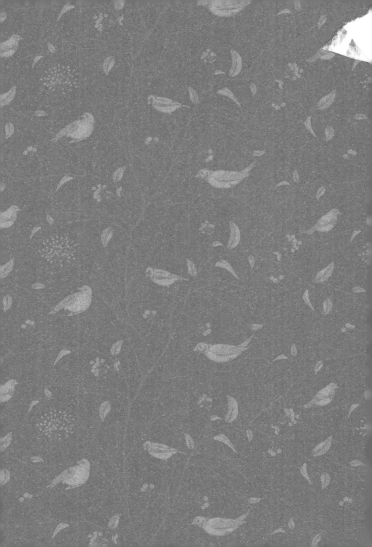

Copyright © 2021 por Carlos Alberto Bezerra; Suely Bezerra

Todos os direitos reservados por Vida Melhor Editora LTDA.

As citações bíblicas são da Nova Versão Internacional (NVI), da Bíblia, Inc., a menos que seja especificada outra versão da Bíblia Sagrada.

Os pontos de vista desta obra são de responsabilidade de seus autores e colaboradores diretos, não refletindo necessariamente a posição da Thomas Nelson Brasil, da HarperCollins Christian Publishing ou de sua equipe editorial.

Publisher *Samuel Coto*

Editor *Guilherme H. Lorenzetti*

Preparação *Cristina Ignacio* e *Guilherme H. Lorenzetti*

Revisão *Virginia Neumann*

Diagramação *SO Design*

Capa e projeto gráfico *Vinícius Lira*

PR. CARLOS ALBERTO BEZERRA
& PRA. SUELY BEZERRA

Encontros de Paz

**UM ANO SOB
A GRAÇA DE DEUS**

Dados Internacionais de Catalogação na Publicação (CIP)

B469e Bezerra, Carlos Alberto
1.ed.   Encontros de paz : um ano sob a graça de Deus / Carlos Alberto
Bezerra, Suely Bezerra. – 1.ed. – Rio de Janeiro : Thomas Nelson Brasil,
2021.
   384 p.; 11 x 15 cm.

   ISBN : 978-65-5689-477-5

1. Cristianismo. 2. Fé. 3. Graça de Deus. 4. Literatura devocional.
5. Sofrimento – Aspectos religiosos. 6. Vida cristã.
I. Bezerra, Suely. II. Título.

07-2021/56   CDD 248.4

Índices para catálogo sistemático

1. Graça de Deus : Vida cristã : Cristianismo 248.4
Bibliotecária responsável: Aline Graziele Benitez CRB-1/3129

Thomas Nelson Brasil é uma marca licenciada à Vida Melhor
Editora LTDA.

Todos os direitos reservados à Vida Melhor Editora LTDA.

Rua da Quitanda, 86, sala 218 — Centro

Rio de Janeiro — RJ — CEP 20091-005

Tel.: (21) 3175-1030

www.thomasnelson.com.br

Dedicatória

Pr. Carlos Alberto Bezerra
À memória de um leal companheiro de vida e ministério,
meu sogro e amigo, pastor Antônio Brandoles.
Seu legado e história de vida
estarão comigo para sempre.

Agradecimentos

À minha esposa, Suely Bezerra, mulher valorosa e ajudadora idônea, fiel a Deus e à sua família, incansável no cumprimento do seu chamado e vocação. Aos pastores e cooperadores de ministério, homens e mulheres que, ao longo de muitos anos, têm estado ao meu lado no cuidado e serviço à igreja de Jesus.

Apresentação

No fim da década de 1970, demos início a uma série inovadora de reuniões semanais, denominadas de "Encontros de Paz", as quais eram realizadas em diversos teatros no centro da cidade de São Paulo. Nesses encontros, a pregação das boas-novas do evangelho aliada à adoração e a uma abordagem de amor resultou em vidas salvas e poderosamente transformadas pelo Espírito Santo de Deus.

Em pouco tempo, os "Encontros de Paz" também se tornaram um programa de TV que começou a ser veiculado através de diversas emissoras de rádio e televisão no Brasil, oferecendo um conteúdo bíblico e cristão aos seus ouvintes e telespectadores.

Assim, em 1979, nasceu a Comunidade da Graça, uma igreja que sempre teve por vocação ser um corpo de serviço a serviço do corpo de Cristo.

Quando a pandemia causada pelo novo coronavírus chegou em nosso país nos primeiros meses de 2020, imediatamente interrompemos os cultos presenciais como forma de proteger a saúde física das pessoas. Porém, a fim de não negligenciarmos nosso cuidado espiritual e ajuda emocional para com os membros da igreja, abalados pelas circunstâncias dessa crise mundial, começamos a oferecer pequenas reflexões em áudio com o objetivo de consolar, edificar, fortalecer e animar o coração de todos. A Palavra de Deus é e sempre será a resposta para todas as nossas angústias e indagações. Essa foi a melhor forma possível de acolher e estar perto das famílias que tanto amamos. Eram novamente os nossos "Encontros de Paz", realizados mesmo que à distância.

O livro devocional que hoje você tem nas mãos é o fruto dessas reflexões e um convite a experimentar encontros diários com aquele que disse: "Deixo-lhes a paz; a minha paz lhes dou. Não a dou como o mundo a dá. Não se perturbe o seu coração, nem tenham medo" (João 14.27). Essa riqueza está à sua disposição não apenas para leitura, mas também, e principalmente, como instrumento de íntima comunhão com o nosso Pai através da meditação nas Escrituras Sagradas e da oração. Sirva-se.

Por fim, há muita alegria e gratidão a Deus porque, pela primeira vez, publicamos um livro juntos. Esta longa parceria na vida, como marido e mulher, e no ministério, como pastores, agora se expressa também na literatura devocional. A Deus todo louvor e glória por tudo o que tem feito em nós e através de nós.

Carlos Alberto Bezerra e Suely Bezerra
Pastores fundadores da Comunidade da Graça

Encontros de paz | guia de uso

- "Sua satisfação está na lei do Senhor, e nessa lei medita dia e noite" (Sl 1:2) — Procure ser constante e firmar um compromisso de ler os devocionais nas datas estipuladas. Mas cuidado para não fazer isso de forma legalista. Enquanto lê, ore para que Deus lhe dê o prazer de meditar na sua Palavra.

- "Orem continuamente" (1Ts 5:17) — No fim de cada devocional, há uma sugestão de oração deixada pelos pastores. Se possível, leia esse trecho em voz alta e junte-se a eles em oração e adoração.

- "Escreva [as palavras da Lei] nos batentes das portas de sua casa e em seus portões" (Dt 6:9) — Após cada devocional, há uma página com espaço para anotações, que será utilizada sempre no dia seguinte à leitura. Releia a passagem bíblica abordada no devocional anterior em seu contexto mais amplo (se o versículo abordado foi Salmos 31:24, procure ler todo esse salmo, por exemplo) e anote como esse texto pode ser aplicado à sua vida.

- "Converse sobre elas quando estiver sentado em casa, quando estiver andando pelo caminho, quando se deitar e quando se levantar" (Dt 6:7) — Sempre que possível, converse com alguém sobre aquilo que refletiu no devocional. Isso pode te ajudar a fixar o conteúdo aprendido, e você também pode ser usado por Deus para encorajar e consolar alguém com a mensagem desses devocionais.

Como enfrentar as lutas

Pra. Suely Bezerra

Se você vacila no dia da dificuldade, como será limitada a sua força! (Pv 24:10).

Vivemos dias difíceis, de angústia e aflição. O próprio Jesus nunca nos enganou a esse respeito e tratou de nos alertar: "Neste mundo vocês terão aflições; contudo, tenham ânimo! Eu venci o mundo" (Jo 16:33). A Bíblia está repleta de histórias de homens e mulheres que enfrentaram o desafio de vencer os dias maus. Davi, o rei de Israel, o homem segundo o coração de Deus, teve dias em que se sentiu abandonado, mas o Senhor jamais deixou de responder aos seus clamores. O profeta Elias enfrentou com coragem os profetas de Baal, mas, logo depois de derrotá-los, teve medo de Jezabel, entrou em depressão e achou que ia morrer. O apóstolo Paulo confessou que tinha um espinho na carne e que pedia a Deus que o livrasse desse tormento. No entanto, obteve como resposta a simples e contundente afirmação divina: "A minha graça te basta" (2Co 12:9, ARA). Mesmo para Jesus o dia da angústia chegou. No Getsêmani, com a alma tomada de tristeza mortal, orou: "Meu Pai, se for possível, afasta de mim este cálice" (Mt 26:39). Mais tarde, pendurado na cruz, que enfrentou por amor a você e a mim, Cristo deu o grito da vitória: "Está consumado!" (Jo 19:30). Como você se comporta quando as crises surgem em sua vida? Lembre-se sempre que o mesmo Jesus que nos alertou quanto às lutas que teríamos de enfrentar também garantiu que estaria conosco todos os dias, até a consumação dos séculos.

oração

Pai amado, ajuda-me a ter as mesmas atitudes dos teus servos nos momentos de dificuldade. Quero ser obediente e amar-te até o fim. Em nome de Jesus, eu te peço. Amém.

2 DE JANEIRO

A religião que interessa a Deus

Pra. Suely Bezerra

Jerusalém, Jerusalém, você, que mata os profetas e apedreja os que lhe são enviados! Quantas vezes eu quis reunir os seus filhos, como a galinha reúne os seus pintinhos debaixo das suas asas, mas vocês não quiseram (Mt 23:37).

Jesus dirigia-se aos religiosos de sua época quando disse as palavras do versículo em destaque. Isso me faz lembrar de algo que disse Susanna Wesley, a mãe de John Wesley, o grande avivacionista britânico do século 18. Ela orava para que Deus não a deixasse esquecer que religião não é estar confinada à igreja nem se exercitar somente em oração e meditação, mas sim estar sempre na presença dele. Pode ser surpreendente para alguns, mas Jesus não tinha interesse pela religião. Ele apreciava relacionamentos e ensinava os que o seguiam a amarem uns aos outros. Quando fala em religião, a Bíblia aponta para a religião pura, com ações práticas entre seus membros (Tg 1:27). Jesus enfrentou dificuldades com pessoas religiosas nos seus dias. Ele chegou a afirmar que os fariseus eram guiados por leis e tradições, e não por amor ao Senhor. Por fora, eram pessoas boas, mas por dentro estavam cheios de mentiras e pecados (Mt 23:28). Jesus chamava-os a um relacionamento, mas eles recusaram o convite. Quantos hoje estão conosco apenas por religiosidade ou mesmo por amizade, mas sem a vida de Cristo? A falta de compromisso com a Palavra e a ausência de uma vida diária de oração têm transformado as pessoas em meros religiosos. Sejamos cristãos de verdade, vivendo para ele em nosso coração.

oração

Querido Deus, quero desfrutar de íntima comunhão contigo todos os dias da minha vida. Que eu possa desenvolver com meus irmãos em Cristo o relacionamento que te agrada. Ajuda-me nessa busca. Amém.

4 DE JANEIRO

Vida abundante

Pr. Carlos Alberto Bezerra

O jejum que desejo não é este: soltar as correntes da injustiça, desatar as cordas do jugo, pôr em liberdade os oprimidos e romper todo jugo? (Is 58:6).

O povo judeu celebra até hoje o Yom Kippur, também chamado de Dia da Expiação, uma data tradicional de jejum e oração, quando o povo de Israel se reúne para se confessar, oferecer sacrifícios e obter perdão dos pecados. No capítulo 58 de Isaías, Deus responde, por meio do profeta, à reclamação do povo, que se lamentava por ter jejuado em vão, por não ter obtido o que esperava. Isaías diz que o Senhor não leva em conta os sacrifícios realizados por meros religiosos formais. As práticas religiosas carecem de valor se não forem acompanhadas pela justiça, pelo amor, pela santidade e pelo serviço ao próximo. O verdadeiro jejum não consiste apenas de atitudes exteriores, mas de renúncia e sincera dedicação ao serviço do seu semelhante. Deus queria menos religião e mais obediência e comunhão; menos teoria e mais prática. Deus tem uma promessa especial para os que entendem a verdadeira natureza do jejum que o agrada: "O Senhor o guiará constantemente; satisfará os seus desejos numa terra ressequida pelo sol e fortalecerá os seus ossos. Você será como um jardim bem regado, como uma fonte cujas águas nunca faltam" (Is 58:11). Observe que o texto não fala do que você pode obter por seus sacrifícios, mas sim das transformações que Deus fará na sua vida.

oração

Senhor, usa minha vida para abençoar os que estão próximos a mim. Que eu seja fonte de bênçãos e de justiça para a glória do teu nome. Amém.

6 DE JANEIRO

Vida em comunidade

Pr. Carlos Alberto Bezerra

Um novo mandamento lhes dou: Amem-se uns aos outros. Como eu os amei, vocês devem amar-se uns aos outros. Com isso todos saberão que vocês são meus discípulos, se vocês se amarem uns aos outros (Jo 13:34-35).

Os versículos em destaque mostram a expressão da vida de Cristo em cada um daqueles que creem nas verdades do evangelho e em sua Palavra, naqueles que agora tornaram-se membros do corpo de cristo. A família de Deus não pode viver de qualquer maneira. Não se pode esperar que pessoas transformadas por Jesus se relacionem umas com as outras de acordo com os mesmos princípios que regem este mundo sem Deus. O conjunto de valores dos filhos de Deus são peculiares e fundamentados em sua Palavra, e as atitudes e os valores esperados dos cidadãos do Reino de Deus são diferentes do que se vê neste mundo. Há na igreja uma forma de convívio baseada na mutualidade, ou seja, nela vivemos de maneira a oferecer aos nossos irmãos o mesmo tratamento, o mesmo cuidado que ele oferece a cada um de nós. Existe uma expectativa natural de parte a parte, ou seja, eu vivo em amor ao meu próximo porque ele também se dispõe a viver em amor por mim. Essa reciprocidade é um princípio que a igreja deve colocar em prática o tempo inteiro. Escrevi sobre esse assunto no livro *Mandamentos recíprocos* (Thomas Nelson, 2020), em que abordo 25 mandamentos que produzem unidade e comunhão nos relacionamentos. É uma leitura que certamente vai abençoá-lo e inspirá-lo a viver em amor na sua comunidade.

oração

Pai, eu te agradeço pelos ensinamentos preciosos que a vida de teu Filho traz para a minha vida. Ensina-me a viver de maneira digna do evangelho. Em nome de Jesus, amém.

8 DE JANEIRO

Guarde seu coração

PRA. SUELY BEZERRA

Sonda-me, ó Deus, e conhece o meu coração; prova-me, e conhece as minhas inquietações. Vê se em minha conduta algo que te ofende, e dirige-me pelo caminho eterno (Sl 139:23-24).

Escrevi os versículos em destaque na contracapa da minha Bíblia no primeiro dia de 2020. Eu queria iniciar aquele ano sempre lembrando que Deus sondaria cada intenção do meu coração, e que nada ficaria encoberto diante dele. Davi pediu que Deus sondasse seu coração, porque ele sabia que ali morava o perigo, pois é dele que procedem os caminhos da vida (Pv 4:23). Guardar o coração é tomar cuidado com desejos, pensamentos e atitudes que não agradam a Deus. Tudo de bom ou de ruim que fazemos começa no coração. A nossa vida física depende de um coração saudável, e o mesmo acontece com nossa vida espiritual. Para guardar bem o coração, é preciso filtrar tudo o que acontece, sempre escolhendo o que agrada ao nosso Deus. E é ele que nos dá as armas certas para lidar com o coração. O Senhor nos dá sua palavra, que é a verdade; ele nos dá o seu Espírito Santo para que tenhamos, além do domínio próprio, o amor e o perdão, que são o remédio para curar nossas feridas e também as do nosso irmão, que necessita ser amado e perdoado. Guardar o coração é mais do que protegê-lo de coisas ruins, é preenchê-lo com o que é bom, ou seja, tudo que é honesto, justo, puro, amável, de boa fama e cheio de louvores a Deus (Fp 4:8). Somente assim seu coração ficará bem guardado.

oração

Pai querido, sonda meu coração neste dia e retira dele tudo que não te agrada, tudo que te entristece. Guia-me, Senhor, pelo caminho eterno. Em nome de Jesus, amém.

10 DE JANEIRO

Uma consciência limpa

Pra. Suely Bezerra

Por isso procuro sempre conservar minha consciência limpa diante de Deus e dos homens (At 24:16).

Paulo dirigiu essas palavras a Félix, um governador romano, para reafirmar sua luta por ter a consciência limpa, sem ofensa a Deus e aos homens. Você deve conhecer a história do Pinóquio, um boneco de madeira cujo nariz cresce cada vez que ele conta uma mentira. Como é um boneco, seu amigo Grilo Falante serve-lhe de consciência. Por não seguir o conselho de seu amigo tagarela, Pinóquio acaba escravizado, até que decide voltar a ouvir a voz do pequeno inseto e retorna para Gepeto, seu criador. Sua mudança de atitude faz com que, no fim, ele vire menino de verdade, com corpo e coração de carne. Há aqui um princípio para os filhos de Deus: se não dermos ouvidos àquela voz bem no nosso íntimo, correremos o risco de viver na escravidão; é a consciência limpa que traz liberdade. Algumas pessoas não têm uma base para tomar decisões piedosas. A consciência delas é fraca e facilmente elas se deixam influenciar pelo comportamento dos outros. Há ainda aqueles cuja consciência foi deturpada. O padrão pelo qual medem o bem e o mal encontra-se corrompido (Tt 1:15). Mas o que há de mais triste são as pessoas que têm uma "consciência cauterizada", insensível, bem diferente da consciência de Paulo e daqueles que são filhos de Deus. Para obtermos uma consciência limpa, precisamos nos arrepender dos nossos pecados e nos voltar ao nosso Criador.

oração

Pai, livra-me de ter uma consciência morta, insensível ao pecado. Eu me volto a ti, arrependido dos meus pecados, e peço que me laves em teu precioso sangue. Amém.

12 DE JANEIRO

Que o amor aumente mais e mais

PR. CARLOS ALBERTO BEZERRA

Esta é a minha oração: que o amor de vocês aumente cada vez mais em conhecimento e em toda a percepção, para discernirem o que é melhor, a fim de serem puros e irrepreensíveis até o dia de Cristo, cheios do fruto da justiça, fruto que vem por meio de Jesus Cristo, para glória e louvor de Deus (Fp 1:9-11).

O apóstolo Paulo rogava ao Pai que derramasse no coração daquele rebanho precioso de Filipos, por quem ele tinha extrema gratidão, uma graça nova, abundante de amor. Ele desejava que o amor daqueles crentes aumentasse mais e mais. Isso quer dizer que o amor é evolutivo e cresce diante das necessidades que enfrentamos no nosso dia a dia. Além disso, o amor é o que o amor faz. É pleno conhecimento, é toda a percepção, é o perfeito entendimento de cada situação. Tudo isso traz uma sensibilidade genuína nos relacionamentos em amor. O objetivo do pedido de Paulo é que com isso eles aprendam a discernir o que é melhor, apoiando o essencial e o vital, resultado do amor inteligente e de um sentido justo de valores. Outra faceta na oração do apóstolo é que ele quer que os filipenses sejam puros e irrepreensíveis. Um cristianismo sem máscara tem transparência absoluta e não apresenta mancha quando é posto sob a luz. Finalmente Paulo pede a Deus que tudo isso os faça ser cheios do fruto de justiça. Quanto mais nos enchemos do amor de Deus, mais uma vida de justiça se manifesta e se expressa em nós. O amor que discerne produz uma colheita abundante de retidão e justiça. Quando ele cresce mais e mais, Deus é glorificado com um estilo de vida que reflete a vida e o caráter de Cristo.

oração

Senhor Deus, aumenta em mim o teu amor para que eu possa dar frutos de justiça para o teu reino eterno. Amém.

14 DE JANEIRO

A corrupção do povo de Deus

Pra. Suely Bezerra

Israel pecou. Violaram a aliança que eu lhes ordenei (Js 7:11).

Josué 7 narra o episódio de infidelidade, mentira, idolatria e roubo praticado por Acã, um dos integrantes da tribo de Judá. Deus havia ordenado ao povo de Israel, de maneira clara e direta, que os frutos da conquista de um povo inimigo deveriam ser queimados. Os cananeus eram pagãos e idólatras e estavam envolvidos em diversos rituais de consagração de objetos e chegavam a sacrificar crianças aos seus deuses, conforme registra Deuteronômio 12. Por isso, a apropriação de despojos de guerra era um grave pecado diante de Deus. O roubo e a contaminação idólatra de Acã foram um pecado contra Deus, que, por causa disso, não abençoou a batalha dos israelitas contra um exército bem menor. Israel sofreu várias baixas na batalha de Ai, e a ausência da bênção de Deus naquele episódio foi consequência da infidelidade, roubo, mentira e cobiça presentes entre o próprio povo. Esse mesmo princípio se aplica a nós hoje. Quando nos deixamos seduzir por ganância, idolatria, corrupção, roubo, mentira, entre outros males, o sofrimento acaba atingindo muitas pessoas, e às vezes a nação inteira. Pecados escondidos trazem maldição e dores a nós mesmos e também à sociedade. Que Deus nos livre de tal situação! Que ele sonde o nosso coração e nos faça andar com retidão diante dele.

oração

Pai, que o teu Espírito Santo tire do meu coração tudo aquilo que não vem de ti. Derrama a tua graça sobre mim, para que meus olhos sejam abertos e eu jamais seja contaminado pelo pecado, como aconteceu com Acã. Amém!

16 DE JANEIRO

A esperança nos faz prosseguir

Pra. Suely Bezerra

Alegrem-se na esperança, sejam pacientes na tribulação, perseverem na oração (Rm 12:12).

Temos passado por situações pelas quais nunca imaginávamos passar. Mas o evangelho de Jesus jamais afirmou que estaríamos livres de lutas, tribulações, perseguições, doenças, mas sim que deveríamos estar preparados para os tempos trabalhosos. A vida cristã é como a vida real, cheia de surpresas boas e ruins. Nesse versículo, vemos três dicas de como vencer os momentos difíceis. *Primeiro*, "alegrem-se na esperança". Trata-se de uma alegria que independe das circunstâncias. Essa esperança mantém segura a nossa vida, assim como a âncora mantém seguro o barco (Hb 6:19). A esperança nos faz avançar, mesmo quando o caminho é difícil, e nos capacita a viver na expectativa de que as coisas vão melhorar. Ela se baseia no fato de que podemos nos apegar a Deus, pois ele é fiel para cumprir o que nos prometeu (Hb 10:23). *Segundo*, "sejam pacientes na aflição". Isso significa aguentar firme, com coragem e confiança. Se nosso interior estiver firme em Deus, o resultado será a resistência. Lembre-se: nada pode roubar sua alegria ou abalar sua esperança em Deus. *Terceiro*, "perseverem na oração". A oração nos sintoniza com Deus. Ainda que as circunstâncias não mudem, ela transforma o nosso coração e a nossa maneira de pensar. Quem ora tem mais ânimo, direção, sensibilidade. Quando eu oro, tenho alegria, paciência e a esperança não falha. Por isso, seja perseverante na oração.

oração

Querido pai, sabemos que tudo coopera para o nosso bem, mas, como seres humanos, muitas vezes nos sentimos enfraquecidos e precisamos da força do teu Espírito para prosseguir. Dá-me condições para suportar as aflições da vida. Amém.

18 DE JANEIRO

A prioridade da família

PR. CARLOS ALBERTO BEZERRA

Ensina-nos a contar os nossos dias para que o nosso coração alcance sabedoria (Sl 90:12).

Moisés, o líder do povo de Israel, é o autor do salmo 90, em que trata da duração da vida e pede sabedoria a Deus. Ele desejava ser capaz de tomar decisões prudentes para exercer o propósito para o qual havia sido criado. A sabedoria é, portanto, o nosso objetivo. Devemos olhar a vida sob o ponto de vista de Deus e permitir que Jesus viva através de palavras, ações e motivações, influenciando assim todos os nossos relacionamentos. E o mais importante dos relacionamentos se dá na família. O propósito eterno do Pai é que tenhamos uma família com filhos semelhantes a Jesus (Rm 8:29-30). A Bíblia enfatiza em vários textos que a família deve ser prioridade para o cristão. Os pais são chamados a criar seus filhos segundo a instrução do Senhor, sem irritá-los; já os filhos são chamados a obedecer aos pais e honrá-los em tudo (Ef 6:1-4). Muitas vezes as exigências ao nosso redor nos levam a centralizar a atenção no trabalho, nas múltiplas atividades externas e até no ministério, mas Paulo enfatiza a prioridade da família quando escreve: "Pois, se alguém não sabe governar sua própria família, como poderá cuidar da igreja de Deus?" (1Tm 3:5). Além da nossa relação com o Senhor e com o nosso cônjuge, nossos relacionamentos familiares figuram entre as prioridades que devemos ter. Quanto mais entendemos as prioridades de Deus para nós, mais a nossa vida vai glorificá-lo.

oração

Pai, peço-te que me dês a sabedoria necessária para estabelecer prioridades na minha vida conforme a tua vontade e o bom propósito que tens para mim. Em nome de Jesus, amém.

20 DE JANEIRO

A prioridade da profissão

PR. CARLOS ALBERTO BEZERRA

Como prisioneiro no Senhor, rogo-lhes que vivam de maneira digna da vocação que receberam (Ef 4:1).

A vida é uma correria. Contas a pagar, problemas no trabalho, demandas com o cônjuge, questões de família, atividades na igreja, viagens, projetos, convites, cuidados com a casa ou com o carro que quebra, o cachorro que adoece, engarrafamentos, atrasos, supermercado, consulta médica, enfim, a lista é interminável. Por vezes, parece impossível lidar com tantas preocupações e dar conta de compromissos tão numerosos. O dia tem 24 horas, e elas parecem ser insuficientes. Como resolver o problema do excesso de atividades e da aparente escassez de tempo? A resposta está em estabelecer prioridades segundo o propósito externo do Pai. Costumo enfatizar que Deus estabelece prioridades para a nossa vida, entre as quais estão: a relação em intimidade com nosso Pai, a relação em intimidade com o cônjuge e a relação com a família. Outra dessas prioridades é a relação profissional, que contempla nossas aptidões e nossa capacidade pessoal na profissão que exercemos. Nossa profissão é o meio para atender as necessidades básicas de nossa família, ao mesmo tempo que servimos a Deus e à sociedade. Cabe a nós sabermos usar todos os dons que Deus nos deu com sabedoria, para que não sejamos sufocados pelas muitas atividades que se apresentam diante de nós.

oração

Senhor, eu te agradeço pelas aptidões que tu me concedeste de modo tão gracioso e peço-te que tudo que eu tenho e sou seja usado para engrandecer teu nome e servir ao meu próximo. Em nome de Jesus, amém.

22 DE JANEIRO

A prioridade do casamento

Pr. Carlos Alberto Bezerra

Por essa razão, o homem deixará pai e mãe e se unirá à sua mulher, e os dois se tornarão uma só carne (Ef 5:31).

Deus quer edificar a vida, o casamento, a família, a profissão e o ministério de cada pessoa. Esse é o princípio fundamental para expressarmos em nosso viver a sabedoria de Deus à medida que o conhecemos na intimidade. A respeito do casamento, Paulo começa a tratar do assunto afirmando que devemos nos sujeitar uns aos outros, por temor a Cristo (Ef 5:21). Em seguida ele exorta as mulheres a se sujeitarem aos maridos como ao Senhor, pois, assim como Cristo é o cabeça da igreja, o marido é o cabeça da mulher. Aos maridos ele ordena expressamente que cada um ame sua esposa como Cristo amou a igreja e se entregou por ela (Ef 5:22-30). Num relacionamento conjugal, os cônjuges devem priorizar-se em amor e serem sensíveis às necessidades um do outro. Quando um homem se casa, seu ministério principal é a sua esposa. O mesmo acontece em relação à mulher. O casal precisa reconhecer a importância de sua união e assumir suas responsabilidades para com a família, juntamente com as demais reponsabilidades fora do lar, tais como profissão, atividades e ministérios. Portanto, é indispensável que o marido e a esposa busquem a sabedoria de Deus para expressá-la no casamento. Um casal que se ama edifica seu lar segundo o propósito de Deus. O testemunho de um casamento em que o Senhor ocupa o lugar principal tem o poder de atrair e impactar uma sociedade tão carente e necessitada de bons modelos.

oração

Senhor, um casamento santo é a mais pura expressão do teu amor. Visita com teu poder e glória cada lar e cada casal que professa o teu nome. Amém.

24 DE JANEIRO

A influência de uma mulher

Pra. Suely Bezerra

Nunca existiu ninguém como Acabe, que se vendeu para fazer o que o Senhor reprova, pressionado por sua mulher Jezabel (1Rs 21:25).

A influência que uma mulher exerce na vida de um homem pode ser para o bem ou para o mal. Talvez Jezabel seja a figura descrita como a mais maligna das mulheres da Bíblia. Era uma mulher pagã, que rejeitava a Deus e só pensava em produzir malignidade. Muitas mulheres pagãs se casaram em Israel sem conhecer o Deus de seus maridos, mas nenhuma foi tão determinada quanto Jezabel no que diz respeito a influenciar os israelitas a adorar deuses estrangeiros. Seu plano era fazer com que Israel deixasse de adorar o Deus verdadeiro. E foi isso que a conduziu à ruína. Ela sofreu a perda do marido e do filho e morreu do mesmo modo desobediente que caracterizou toda sua vida. O que sobrou de Jezabel foram apenas seus ossos, pois poder, dinheiro, prestígio, família e os deuses que ela adorava fracassaram em salvá-la. Muitas pessoas acham que o poder, a riqueza e a saúde vão fazê-las viver eternamente aqui. Mas a morte arranca todos de sua segurança. Só Deus nos dá a garantia da vida eterna, e só nele podemos confiar. Que, conscientes disso, sejamos capazes de usar a nossa influência nesta terra para o bem e não para o mal.

oração

Pai eterno, eu te agradeço pela segurança que há em Cristo Jesus, que nos deu a vida eterna ao morrer em nosso lugar. Agradeço pela nova vida e pela esperança na eternidade que Jesus nos trouxe. Em nome dele é que eu oro, amém.

26 DE JANEIRO

Batalha contra o mundo

Pra. Suely Bezerra

Ó nosso Deus [...] não temos força para enfrentar esse exército imenso que está nos atacando. Não sabemos o que fazer, mas os nossos olhos se voltam para ti (2Cr 20:12).

Durante nossa caminhada aqui na terra, muitas vezes nos defrontamos com inimigos que vêm nos atacar. Nessas ocasiões sentimos que, se o Senhor não nos der força para combater, seremos derrotados. Quando Josafá, o rei de Judá, disse as palavras do versículo em destaque, o povo enfrentava uma questão de vida ou morte. Enquanto um poderoso exército marchava para atacar Jerusalém, Judá reuniu-se para buscar orientação e ajuda de Deus (2Cr 20:13). Nos dias de hoje, estamos perante uma batalha de vida ou morte em que estamos como o povo de Judá: não temos escape e só nos resta perguntar ao Senhor o que ele quer fazer com essa situação. Assim como o rei Josafá, deveríamos começar a nossa oração louvando o Pai soberano e poderoso que ele é nos céus e na terra (2Cr 20:15-17). Por fim, a palavra de Josafá ao povo foi: "Tenham fé no Senhor, o seu Deus, e vocês serão sustentados; tenham fé nos profetas dele e vocês terão a vitória" (2Cr 20:20). Em situações de conflitos, de decisões e mesmo de pandemia, como a que vivemos recentemente, buscamos uma resposta. Naquele momento, Judá presenciou a derrota de seus inimigos. Eles voltaram felizes para Jerusalém porque Deus lhes concedeu a vitória sobre seus inimigos. O segredo? Eles voltaram os olhos para Deus e confiaram nele! A nossa preocupação termina onde começa a nossa fé.

oração

Pai eterno, eu te louvo por teu cuidado com a minha vida. Ajuda-me a olhar para ti nos momentos difíceis e a confiar na tua ação em meu favor. Em nome de Jesus, amém.

28 DE JANEIRO

Cisterna rachada ou fonte de água

Pra. Suely Bezerra

... eles me abandonaram, a mim, a fonte de água viva; e cavaram as suas próprias cisternas, cisternas rachadas que não retêm água (Jr 2:13).

Na cidade em que meu pai nasceu, Igarapava, interior de São Paulo, havia um homem que vivia de pegar a picareta e cavar poços para as pessoas daquela região. Era um trabalho duro, demandava muito esforço e, às vezes, depois daquele trabalho todo, acontecia de o poço não ser de água potável. Outras vezes, quando o poço já estava aberto só esperando encher, notavam que havia rachaduras que impediam a retenção de água. O texto de hoje nos mostra um problema antigo do ser humano: cavar suas próprias cisternas, a seu modo, como alguém independente de tudo e de todos. Deus disse ao profeta Jeremias que seu povo o havia abandonado — ele, a fonte de água viva — e passara a gastar seus esforços com cisternas rachadas, que não retêm água. Quantas vezes queremos levar a vida de acordo com a nossa vontade e gastamos tempo, esforço e saúde em coisas e situações que Deus não projetou para nós? Existe, porém, uma fonte de água viva capaz de satisfazer a sede da nossa alma. Basta você e eu bebermos dela. Só ela pode nos satisfazer. Jesus garantiu: "quem beber da água que eu lhe der nunca mais terá sede. Pelo contrário, a água que eu lhe der se tornará nele uma fonte de água a jorrar para a vida eterna" (Jo 4:14).

oração

Senhor Jesus, como é maravilhoso saber que tu és a fonte de água viva! Ensina-me a beber dessa água e jamais terei sede. Em teu nome, amém.

30 DE JANEIRO

Coragem, sua esperança é o Senhor

Pra. Suely Bezerra

Sejam fortes e corajosos, todos vocês que esperam no Senhor! (Sl 31:24).

Como é difícil esperar em Deus! Quando oramos e não recebemos resposta de imediato, desistimos e perdemos a esperança. Os israelitas tinham saído do Egito, mas não foram direto para a Terra Prometida. Deus os fez esperar na base do monte Sinai, enquanto instruía Moisés. Porém, após quarenta dias, eles ficaram frustrados e rejeitaram a Deus fazendo o que lhes agradava. Quando focamos só em nossos interesses, a espera nos leva ao desânimo, e esquecemos que Deus está no controle. Há três pontos a observar quando esperamos. *Primeiro*, esperar revela se o que está em nosso coração são os nossos planos ou os de Deus. Quando os israelitas viram seus planos adiados, buscaram satisfação rápida. *Segundo*, esperar nunca é perda de tempo. Deus não estava retendo sua promessa aos israelitas, mas sim os preparando para ela. O tempo de Deus não é o nosso tempo, e os planos dele são melhores do que os nossos. *Terceiro*, esperar nos ajuda a ver a fidelidade imutável do Senhor. O Deus que pacientemente proveu e protegeu os israelitas é o mesmo que nos protege e provê para nós hoje. Esperar em Deus nunca é um desperdício, porque ele trabalha em nós enquanto esperamos nele. Em Isaías 64:4 lemos: "Desde os tempos antigos ninguém ouviu, nenhum ouvido percebeu, e olho nenhum viu outro Deus, além de ti, que trabalha para aqueles que nele esperam". É por isso que podemos esperar e colocar a nossa esperança no Senhor.

oração

Pai, ajuda-me a cada vez mais depender de ti, a cada vez mais confiar e crer em ti. Que eu me lembre que tu tens as respostas de que preciso. Pai querido, minha esperança é o Senhor. Em nome de Jesus, amém.

1 DE FEVEREIRO

A unidade da equipe de discípulos

Pr. Carlos Alberto Bezerra

Não importa o que aconteça, exerçam a sua cidadania de maneira digna do evangelho de Cristo, para que assim, quer eu vá e os veja, quer apenas ouça a seu respeito em minha ausência, fique eu sabendo que vocês permanecem firmes num só espírito, lutando unânimes pela fé evangélica (Fp 1:27).

Todo membro de uma igreja ou ministério deve ter um espírito de equipe, pois é isso que identifica realmente um trabalho que prospera. O espírito de equipe depende de três características: mansidão, submissão e humildade. Quem anda em mansidão não tenta se firmar diante dos outros para mostrar que é mais importante que os demais. Mansidão não é fraqueza, mas força sob controle do Espírito. Quem é dominado pela mansidão não tenta se afirmar para mostrar que é mais importante que os outros, mas sim busca o interesse da equipe e não o reconhecimento pessoal. Quem anda em submissão não tem demandas próprias, mas se rende ao objetivo da equipe. Aquele que tem o espírito de submissão não apenas se submete ao seu líder, mas também aos demais membros da equipe. Sujeitar-se uns aos outros no temor de Cristo é um mandamento bíblico. Quem cultiva o espírito de humildade reconhece a necessidade de suporte, da força que se recebe dos demais membros da equipe. A Bíblia diz que Deus resiste aos soberbos, mas dá graça aos humildes (1Pe 5:5). Juntos sempre seremos mais fortes e cabe a cada um trabalhar pela unidade em Cristo e pela edificação de seu reino.

oração

Senhor, peço que me concedas a mansidão, a submissão e a humildade necessárias para somar esforços com aqueles que lutam pela propagação do teu evangelho. Amém.

3 DE FEVEREIRO

Membros do corpo de Cristo

Pr. Carlos Alberto Bezerra

Antes, seguindo a verdade em amor, cresçamos em tudo naquele que é a cabeça, Cristo. Dele todo o corpo, ajustado e unido pelo auxílio de todas as juntas, cresce e edifica-se a si mesmo em amor, na medida em que cada parte realiza a sua função (Ef 4:15-16).

Quando anunciamos as boas-novas da salvação em Jesus, as pessoas que creem são convertidas em discípulos dele e se tornam, portanto, membros do corpo de Cristo. A função dos membros em um corpo é manter suas partes unidas. Por exemplo, o antebraço une a mão ao braço. Como discípulos de Cristo, somos dependentes uns dos outros e nossa função é promover a unidade, o serviço e o apoio mútuo. Na igreja, um une o outro. Quando alguém é regenerado e enxertado no corpo de Cristo, torna-se parte desse organismo vivo. No versículo em destaque vemos que um membro não só une, como também sustenta o outro. Não se pode, por exemplo, tirar o pé do corpo de alguém sem comprometer toda a sustentação desse indivíduo. Um clube pode até perder seus membros, mas o corpo não, pois em um corpo os membros são responsáveis por sustentar uns aos outros. Somos inclusive responsáveis, segundo a Bíblia, por levar "os fardos pesados uns dos outros" (Gl 6:2). Como irmãos em Cristo, amados do nosso Pai, podemos executar o projeto dele de anunciar o evangelho e fazer discípulos de todas as nações, formando assim uma grande família de filhos semelhantes a Jesus que convivem em amor e sustentam uns aos outros.

oração

Pai, usa a minha vida como membro do corpo de Cristo para apoiar e sustentar meus irmãos. Que eu possa proclamar a tua salvação e acolher com amor aqueles que se juntam ao teu maravilhoso reino. Em nome de Jesus, amém.

5 DE FEVEREIRO

Crer, obedecer e servir

PRA. SUELY BEZERRA

Respondeu Maria: "Sou serva do Senhor; que aconteça comigo conforme a tua palavra". Então o anjo a deixou (Lc 1:38).

Como mãe de Jesus, Maria creu, obedeceu e serviu. Por crer na mensagem do anjo, ela considerou uma bênção carregar o filho concebido pelo Espírito Santo. Maria também obedeceu à vontade de Deus para sua vida ao dar à luz o filho dele; e serviu, ao criá-lo para tornar-se nosso Salvador. José também creu, obedeceu e serviu. Ele creu na mensagem de Deus enviada por meio de um anjo; casou-se com Maria; e serviu ao dar a Jesus a estabilidade de uma família e a formação e as oportunidades para crer no amor e na admoestação do Senhor. Jesus creu, obedeceu e serviu. Crendo em Deus, Jesus viveu sua humanidade para ser nosso modelo perfeito. No tempo certo, em obediência à vontade do Pai celestial, Jesus serviu no ministério para o qual havia sido chamado ensinando, curando e morrendo na cruz para nos salvar. Esta família deu-nos o maior e mais elevado exemplo: crer, obedecer e servir. Cada um deles cumpriu a vontade de Deus a fim de que pudéssemos encontrar o Salvador. O que Deus nos chama a fazer para que alguém encontre o Salvador? O que fazemos para revelar o amor de cristo? Precisamos crer, obedecer e servir. Pergunte a si mesmo: Como estou servindo a Deus hoje? Como a minha vida tem sido uma bênção nas mãos de Deus, servindo meu próximo?

oração

Deus do universo, graças pela tua dádiva de salvação! Ajuda-me a servir-te diariamente, partilhando as boas-novas de Cristo com outras pessoas. Em nome de Jesus, para tua glória, amém.

7 DE FEVEREIRO

Deus sempre tem o melhor

PRA. SUELY BEZERRA

Assim como os céus são mais altos do que a terra, também os meus caminhos são mais altos do que os seus caminhos e os meus pensamentos mais altos do que os seus pensamentos (Is 55:9).

As palavras desse versículo foram ditas a um povo que duvidava de Deus e do poder de sua palavra. Os pensamentos divinos estão acima dos nossos, e os planos dele para nós vão muito além do que imaginamos, porque Deus sempre tem o melhor para os seus filhos. Estamos habituados à correria do dia a dia, e parece que parar um pouco para ouvir a Deus é perda de tempo, no entanto, trata-se do tempo mais valioso, em que aprendemos as maiores lições espirituais para a nossa vida. Quando paramos para ouvir a voz do Senhor, numa verdadeira adoração, numa vida de serviço a ele, descobrimos que sua vontade para nós é boa, perfeita e agradável. É em Deus que renovamos nossas forças, quando muitas vezes nos sentimos cansados e esgotados, enfraquecidos pelo trabalho duro de todo dia. É nele que temos esta promessa: "Ele fortalece ao cansado e dá grande vigor ao que está sem forças" (Is 40:29). Ao nos revigorar, Deus amplia nossa visão como a da águia, e os resultados não demoram a aparecer. O salmista já dizia que, com Deus, ele ganhava as batalhas e, com a ajuda dele, podia atacar uma tropa e até transpor muralhas (Sl 18:29). Se tentarmos fazer isso por conta própria, segundo a nossa vontade, seremos derrotados, pois só ele nos faz vencedores. Lembre-se: Deus está com você e nunca o desapontará.

oração

Pai, ajuda-me a buscar em ti a solução para as minhas necessidades e a compreender que os teus pensamentos e os teus caminhos são melhores do que os meus. Em nome de Jesus, amém.

9 DE FEVEREIRO

Deus transforma o mal em bem

Pra. Suely Bezerra

Sabemos que Deus age em todas as coisas para o bem daqueles que o amam (Rm 8:28).

Deus age em todas as situações, mas, às vezes, as nossas limitações nos fazem olhar apenas para as circunstâncias e esquecer das promessas de Deus. Uma enfermidade, a demissão do emprego, uma separação conjugal ou outras situações negativas podem levar ao nosso afastamento dos caminhos de Deus. Porém, tudo de bom ou ruim que acontece conosco tem um propósito e, no fim, o nome de Deus sempre é glorificado.

A história de José é um bom exemplo. Começando em Gênesis 37, temos a história desse que era o filho predileto de Jacó. Ele experimentou muitas dores: foi afastado do convívio com o pai e os irmãos, que o venderam como escravo; perdeu a mãe; foi acusado falsamente pela mulher de Potifar e depois ficou esquecido na prisão. No entanto, ele prosperava em tudo que fazia, porque Deus estava com ele. José continuou servindo a Deus em meio a condições injustas e indignas e jamais se revoltou diante de tantas perdas. O segredo é que ele se fixou nas promessas de Deus, não nas circunstâncias. No fim da história, ele diz: "Vocês planejaram o mal contra mim, mas Deus o tornou em bem" (Gn 50.20). Talvez você esteja numa situação semelhante de perdas, tristezas, injúrias, mentiras e rejeição, mas olhe para as promessas de Deus e não para as circunstâncias. Tudo que foi planejado para o seu mal será transformado por ele em bem. Vale a pena confiar neste Pai maravilhoso cada dia mais.

oração

Pai querido, como é bom saber que tu olhas para as minhas necessidades e respondes a cada uma delas! Eu te agradeço do fundo do meu coração, em nome de Jesus, amém.

11 DE FEVEREIRO

Voz profética

Pr. Carlos Alberto Bezerra

Vocês são a luz do mundo. Não se pode esconder uma cidade construída sobre um monte (Mt 5:14).

No memorável Sermão no Monte, Jesus afirmou que somos sal da terra e luz do mundo. Portanto cabe a nós refletir sobre o nosso papel como cristãos na sociedade em que vivemos e no momento preocupante que estamos atravessando. Qual a nossa responsabilidade como voz profética em nossa nação no contexto das mudanças sociais, políticas e econômicas que necessitam ocorrer? Nós não somos um partido político e não queremos ser, mas queremos servir e abençoar a nossa pátria como sal da terra e luz do mundo. Os sociólogos destacam que a atual geração vive a realidade do pós-modernismo, cuja marca é o secularismo desenfreado, que tem afastado a igreja da verdade pura e simples do evangelho de Jesus. Esta geração é apática e egoísta. O individualismo é a marca desta época. De forma sutil, Satanás está impondo seus valores, como o divórcio, o desejo de não se casar, de não ter filhos, a ambição financeira etc. O pós-modernismo prospera no caos. Seu intento é destruir todo o critério moral e construir um mundo onde tudo é relativo, onde não existe nenhuma verdade absoluta. Tudo isso vai produzindo o declínio do conhecimento bíblico e o afastamento do nosso Pai. Necessitamos, portanto, de homens e mulheres que representem os valores de Deus e que não se calem. Precisamos ser aqueles que participam da história da nossa sociedade moderna abençoando-a, levando a ela esperança, sendo sal e luz para um mundo perdido.

oração

Senhor, ajuda-me a cumprir a missão de agir como discípulo de Cristo e agente do teu reino aonde quer que eu vá. Peço que me fortaleças e me sustentes a cada dia. Amém.

13 DE FEVEREIRO

Força, não desanime!

PRA. SUELY BEZERRA

Sejam fortes e corajosos. Não tenham medo nem fiquem apavorados por causa deles, pois o Senhor, o seu Deus, vai com vocês; nunca os deixará, nunca os abandonará (Dt 31:6).

Quando li esse versículo, liguei-o aos dias que estamos vivendo — dias de incertezas, lutas e dificuldades. A Terra Prometida estava diante do povo de Israel, porém havia um problema: a terra era habitada por outros povos. Os israelitas tinham se livrado da escravidão, dos egípcios e do deserto, local onde foram treinados a viver na dependência de Deus. Moisés, ao se despedir, admoestou o povo com as palavras do versículo em destaque. Hoje, coisas semelhantes acontecem conosco. Somos salvos, mas encontramos obstáculos pelo caminho. Vivenciamos lutas, dificuldades, esforço, suor e muitas angústias, mas Deus nos deu várias promessas para vencermos todas essas situações. Veja o que está escrito em Salmos 34:19: "O justo passa por muitas adversidades, mas o Senhor o livra de todas". Doenças? Ele é o Senhor que sara. Dívidas, problemas financeiros? Busque ajuda no Deus que é dono do ouro e da prata. Medo da morte? Ouça as palavras de Jesus: "Eu sou a ressurreição e a vida. Aquele que crê em mim, ainda que morra, viverá" (Jo 11:25). O Senhor tem resposta para todos os obstáculos que surgem à nossa frente. Ele quer que sejamos corajosos, confiantes nele e na sua palavra. É ele quem diz: "Entregue suas preocupações ao Senhor, e ele o susterá; jamais permitirá que o justo venha a cair" (Sl 55:22).

oração

Pai, criador dos céus e da terra, Senhor da história, meu coração está grato e alegre, porque tenho um Deus em que posso confiar, que estará comigo na hora da luta e da aflição. Em nome de Jesus, amém.

15 DE FEVEREIRO

Em tempos de escassez

PRA. SUELY BEZERRA

Mesmo não florescendo a figueira, não havendo uvas nas videiras; mesmo falhando a safra de azeitonas, não havendo produção de alimento nas lavouras, nem ovelhas no curral nem bois nos estábulos, ainda assim eu exultarei no Senhor e me alegrarei no Deus da minha salvação. O Senhor Soberano é a minha força; ele faz os meus pés como os do cervo; ele me habilita a andar em lugares altos (Hc 3:17-19).

Em tempos de escassez, poucos olham com confiança para uma situação improvável. Aprendi, todavia, que o testemunho da nossa confiança no Senhor é um elemento diferenciador em nossa caminhada. Quero contar um testemunho da minha infância. Meu pai era um homem trabalhador e muito preocupado com o bem-estar da família. Ele era motorista e certa tarde chegou em casa cabisbaixo, dizendo que um caminhão havia batido em seu carro e o conserto iria demorar. Minha mãe era uma mulher de fé, e eu, que na época tinha só oito anos, sou capaz de lembrar até hoje de suas palavras: "Não tenha medo, meu velho", ela disse, e em seguida recitou os versículos de Habacuque. Aquela declaração ficou no meu coração. As palavras sábias de minha mãe levantaram o ânimo do meu pai e trouxeram segurança ao nosso lar. Ele trabalhou até o carro ficar arrumado. Naquele período, nada nos faltou. Sempre havia alimento, pois Deus foi e é fiel. Talvez hoje você esteja passando por um período difícil, mas saiba que Deus conhece suas necessidades. O salmista declarou: "Já fui jovem e agora sou velho, mas nunca vi o justo desamparado, nem seus filhos mendigando o pão" (Sl 37:25). Apenas confie em Deus!

oração

Senhor, creio que em tempos difíceis nada irá me faltar e por isso louvo o teu santo nome. Amém.

17 DE FEVEREIRO

Transportados para o Reino de Deus

PR. CARLOS ALBERTO BEZERRA

Pois ele nos resgatou do domínio das trevas e nos transportou para o Reino do seu Filho amado (Cl 1:13).

O versículo em destaque mostra que, depois de nos resgatar das trevas, Jesus promoveu uma transformação radical na nossa vida e fomos transportados para o seu reino de luz. Ele nos concedeu uma mudança de natureza radical e fomos colocados debaixo de uma nova lei. Nosso velho homem foi crucificado com Cristo para que não sirvamos mais ao pecado (Rm 6:6). Uma vez libertados do pecado, fomos feitos servos da justiça. Portanto, viver no Reino de Deus é viver na dimensão do novo. Agora, somos uma comunidade redimida, uma nova criação; não somos mais estrangeiros nem forasteiros, mas concidadãos dos santos e da família de Deus (Ef 2:19). Por sermos uma colônia do céu na terra, agora vivemos uma nova ética e uma nova justiça. Adotamos um novo estilo de vida, que nos distingue como cristãos pelo caráter de Jesus manifesto em nossas atitudes. Viver no Reino é viver na dimensão da autoridade do Rei. O mistério da cruz, que nos foi revelado na pessoa de Jesus, nos garante aqui e agora experimentarmos as realidades novas das quais já somos possuidores. Vivemos na certeza de que aquele que em nós começou uma boa obra há de aperfeiçoá-la até o dia de seu filho Jesus (Fp 1:6).

oração

Senhor, eu te agradeço pelo sacrifício de Cristo na cruz, que me transportou para o Reino de teu Filho amado. Que eu possa viver a nova vida que tu me concedeste louvando e engrandecendo o teu nome. Amém.

19 DE FEVEREIRO

Não confie nas riquezas

Pra. Suely Bezerra

Quem confia em suas riquezas certamente cairá, mas os justos florescerão como a folhagem verdejante (Pv 11:28).

A crise econômica mundial em razão da Covid-19 tem muito a nos ensinar. Confiar no dinheiro é uma ilusão. O versículo diz que o homem que coloca sua confiança no dinheiro cairá e será destruído, mas o justo será próspero e protegido. Lembro-me de um homem que há alguns contou ao pastor Carlos toda a sua vida. Estava sem emprego, sem moradia e cheio de dívidas. O pastor falou sobre Jesus, a quem o homem aceitou como Salvador, e sua vida tomou outro rumo. Ele tornou-se um homem bem-sucedido. Com o tempo, porém, essa prosperidade começou a afastá-lo do Senhor. Seus fins de semana eram ocupados com tudo o que dinheiro agora lhe permitia usufruir. Não há nada demais em desfrutar dos bens, o problema é que aquilo se tornou um ídolo para ele e o afastou daquele que o abençoou. Aconteceu o que a Bíblia diz em 1Timóteo 6:10: "pois o amor ao dinheiro é raiz de todos os males. Algumas pessoas, por cobiçarem o dinheiro, desviaram-se da fé e se atormentaram a si mesmas com muitos sofrimentos". Aquele homem perdeu a família, foi preso e gastou todo o dinheiro com os advogados. Mandou chamar o pastor, pediu perdão a Deus, mas as consequências permaneceram. Por isso, não confie nas riquezas nem ponha nelas a sua esperança. Se elas aumentarem, não ponha nelas o coração. A prosperidade que Deus lhe concede é para você repartir com aqueles que não têm.

oração

Pai bondoso, tu és o dono do ouro e da prata, é de ti que vem toda riqueza e prosperidade. Ajuda-me a ver o dinheiro como tu vês. Que eu possa sempre reparti-lo e abençoar aqueles que nada possuem. Amém.

21 DE FEVEREIRO

A divisão enfraquece

PRA. SUELY BEZERRA

Jesus, conhecendo os seus pensamentos, disse-lhes: "Todo reino dividido contra si mesmo será arruinado, e toda cidade ou casa dividida contra si mesma não subsistirá" (Mt 12:25).

A palavra divisão significa duas visões. Foi por isso que Jesus disse que uma casa, uma família ou um reino dividido não subsiste. A divisão leva a um conflito interior e traz desintegração. É comum ouvirmos falar que o excesso de trabalho leva ao estresse, mas não é bem assim. Na maioria das vezes, é o conflito por trás do trabalho que leva ao colapso por falta de harmonia interior. Jesus afirma que toda divisão não provém do bem nem da paz. Os episódios de divisões da Bíblia mostram que os resultados sempre foram o ódio, a dor, o pecado e outras coisas. Jacó e Esaú são exemplo disso. Fico triste quando vejo nosso país tão dividido, cheio de ódio, irmão contra irmão... Em vez de crescermos, estamos afundando. Ao redor do mundo, a divisão entre países tem custado milhares de mortes de inocentes. Mesmo na família, uma palavra mal colocada é motivo de separação. Em Mateus 18:15 lemos: "Se o seu irmão pecar contra você, vá e, a sós com ele, mostre-lhe o erro. Se ele o ouvir, você ganhou seu irmão." O lar do justo é lar de paz. Na igreja, resolva com os irmãos as discórdias, que só trazem dano ao corpo de cristo. "De onde vêm as guerras e contendas que há entre vocês? Não vêm das paixões que guerreiam dentro de vocês?" (Tg 4.1). Este é momento de acertarmos as divisões — no lar, na família, na igreja e no país.

oração

Obrigado, Jesus, porque és o Príncipe da Paz e queres que todos vivam pacificamente, mesmo em meio ao caos. Ajuda-me a ajustar o que está errado e faz de mim um promotor da tua paz. Em nome de Jesus, amém.

23 DE FEVEREIRO

Importância da unidade

Pr. Carlos Bezerra

Como é bom e agradável quando os irmãos convivem em união! É como óleo precioso derramado sobre a cabeça, que desce pela barba, a barba de Arão, até a gola das suas vestes. É como o orvalho do Hermom quando desce sobre os montes de Sião. Ali o Senhor concede a bênção da vida para sempre (Sl 133).

A unidade é uma condição da bênção de Deus sobre nossas vidas. Esse salmo diz que, onde há unidade, ali o Senhor ordena a bênção, derramando nova unção e liberando o Espírito novo e refrescante como o orvalho da manhã. Essa união deve ser preservada, como exortou Paulo aos Efésios (Ef 4.13). A palavra "vínculo" usada pelo apóstolo significa cordas ou correntes no idioma grego. Assim, unidade é como sermos acorrentados uns aos outros por laços eternos de amor e aliança fiel. Somos como alpinistas que escalam a montanha amarrados uns aos outros. Certamente deve ser um grande conforto para um alpinista inexperiente saber que, caso escorregue, estará seguro. Por estar amarrado a um amigo, ele está protegido e, quando estamos amarrados na unidade do Espírito, também somos guardados. Em Gênesis, vemos a história de um povo rebelde, mas que estava alcançando seus objetivos: "Eles são um só povo e falam uma só língua, e começaram a construir isso [...] nada poderá impedir o que planejam fazer" (Gn 11.6). Se aquele povo rebelde era bem-sucedido mesmo fazendo algo errado só porque tinha unidade, muito mais nós prosperaremos se trabalharmos juntos.

oração

Jesus, assim como o Pai e tu são um, preserva-nos na unidade promovida pelo teu evangelho para que assim, juntos como um só corpo, possamos fazer mais em prol do teu Reino.

25 DE FEVEREIRO

Nele você pode confiar

Pra. Suely Bezerra

Lancem sobre ele toda a sua ansiedade, porque ele tem cuidado de vocês (1Pe 5:7).

Certa vez, eu estava em férias com a família no litoral paulista, e numa manhã ensolarada fomos todos à praia, sem imaginar que naquela manhã teríamos uma forte tormenta. De repente, o sol desapareceu, formou-se um redemoinho no meio do oceano e começou a ventar muito. Todos corremos em busca de abrigo, pois o momento era desolador e de muito temor. E eu me lembrei da noite em que Jesus e seus discípulos estavam cruzando o mar da Galileia, cansados depois de um longo dia de trabalho. Ele acabou adormecendo na popa do barco, quando, de repente, levantou-se uma forte tempestade, tão violenta que até os discípulos, que tinham experiência como pescadores, ficaram aterrorizados. Jesus, porém, continuava dormindo serenamente, até que os discípulos o acordaram gritando: "Mestre, não te importa que morramos?" (Mc 4:38). Jesus confiava no Pai celestial. Ele sabia que podia descansar. Diante da aflição dos discípulos, apenas "se levantou, repreendeu o vento e disse ao mar: 'Aquiete-se! Acalme-se!' O vento se aquietou, e fez-se completa bonança" (Mc 4:39). Quando as preocupações começarem a torturar a sua mente, entregue tudo a Deus e descanse, mesmo quando estiver sendo sacudido pelas tormentas da vida. Lembre-se, nele você pode confiar!

oração

Pai amado, ajuda-me a descansar em ti quando eu me sentir sobrecarregado de preocupações. Que eu possa ter o entendimento e a confiança de que tu estás olhando por mim. Em nome de Jesus, amém.

2 J DE FEVEREIRO

O Deus da esperança

Pra. Suely Bezerra

Que o Deus da esperança os encha de toda alegria e paz, por sua confiança nele, para que vocês transbordem de esperança, pelo poder do Espírito Santo (Rm 15:13).

Nestes dias, temos provado de situações que nunca imaginávamos enfrentar. É comum encontrarmos pessoas sem esperança, sem motivação, depressivas, alimentando a mente sem sonhos para um futuro melhor. Há um ditado popular afirmando que a esperança é a última que morre. Embora soe bonito, sua mensagem não é verdadeira. No versículo em destaque, vemos o que acontece a quem espera no Senhor e confia nele. Paulo diz que o coração dessa pessoa é cheio de paz e alegria. Quando temos esperança, nós nos sentimos seguros, somos livres e pensamos no futuro sem medo. Além disso, recebemos o consolo do Espírito nas horas difíceis. Veja o que Jesus diz em João 14:27: "Deixo-lhes a paz; a minha paz lhes dou. Não a dou como o mundo a dá. Não se perturbem os seus corações, nem tenham medo". As más notícias fazem as pessoas tornarem-se pessimistas, mas as boas-novas do evangelho dão esperança aos desanimados. O desespero é o contrário da esperança. A esperança sabe esperar e suportar dificuldades. O que você tem esperado dele? O que você espera do Senhor para os próximos anos de sua vida? Nossa esperança está em Deus, que é a única garantia que podemos vencer. Seja esperançoso.

oração

Pai amoroso, ó Deus de toda esperança, enche a minha mente e o meu coração de paz, alegria e segurança em ti. Obrigado por ser a minha esperança. Em nome de Jesus, amém.

1 DE MARÇO

Cartas de amor às igrejas

Pr. Carlos Alberto Bezerra

Não tenha medo. Eu sou o primeiro e o último. Sou aquele que vive. Estive morto mas agora estou vivo para todo o sempre (Ap 1:17-18).

O livro de Apocalipse traz logo no início sete cartas que Jesus ditou pessoalmente ao apóstolo João, estas dirigidas às sete igrejas da Ásia menor, a atual Turquia. Embora tenham sido endereçadas àquelas sete congregações, essas cartas trazem recados preciosos para você e para mim. A maioria dos cristãos conhece o Sermão do Monte, mas, infelizmente poucos estão cientes da existência dessas cartas escritas por nosso Senhor Jesus e com isso desconhecem o valor que elas têm para sua edificação. Nelas o Senhor fala sobre as coisas presentes — da época de João, que as escreveu — e sobre as vindouras, ou seja, aquelas que aconteceriam no tempo futuro, o que inclui o nosso tempo. As sete igrejas eram reais na época de João, mas representam também todos os tipos de igrejas em toda e qualquer época da história. As cartas dirigidas a elas são, portanto, uma mensagem de esperança e fortalecimento para os cristãos de todas as eras. Elas foram escritas aos vencedores, pois asseguram a recompensa aos que permanecerem fiéis. O Senhor, que estava morto e reviveu, fez questão de deixar registrado seu cuidado para com os seus e de relembrar suas promessas eternas, a fim de fortalecer cada um dos que têm a Cristo como Salvador.

oração

Senhor Deus, louvo o teu nome pelas palavras de esperança que encontro nas Escrituras. Que elas sejam meu deleite a cada dia. Amém.

3 DE MARÇO

Valorize o que Deus valoriza

Pra. Suely Bezerra

Se alguém não cuida de seus parentes, e especialmente dos de sua própria família, negou a fé e é pior que um descrente (1Tm 5:8).

Deus valoriza a família; ela é a célula-mãe da sociedade. Quando a família não está bem, a sociedade também não vai bem. A família nasceu no coração de Deus e foi abençoada por ele. O Criador atribuiu um papel para cada membro da família desempenhar, e isso deve ser feito da melhor maneira possível, independentemente da falibilidade do outro. Uma das chaves para relacionamentos bem-sucedidos é considerar o outro mais importante que nós (Fp 2:3). Confiar em Deus e seguir seus planos é o único caminho de sucesso verdadeiro para as famílias. Quando os princípios são negligenciados, as famílias fracassam. Porém, quando os princípios são respeitados, famílias prosperam. A Bíblia é clara quando fala de seus princípios de honra na família: da mulher para com o marido, do marido para com a mulher e dos filhos para com os pais (Ef 5:22,25; 6:1). Honrar é colocar o outro em primeiro lugar. Quando não há honra, casamentos são arruinados e filhos se rebelam. Onde não há honra, não existe gratidão, respeito e admiração. Uma família marcada pela desonra colhe frutos amargos. A Bíblia diz que devemos tratar todos com o devido respeito (1Pe 2:17), e esse é o primeiro passo para restaurar a honra na família. Essa atitude cria um ambiente saudável para que todos cresçam em Deus. Ame sua família e agradeça a Deus por ela. Cultive o amor e o perdão para que a felicidade inunde seu lar e ele se torne assim a morada do Altíssimo.

oração

Senhor bendito, criador da família, ajuda-me a edificar minha família com amor e honra, de modo que o teu nome seja glorificado. Amém.

5 DE MARÇO

Voltar ao primeiro amor

Pr. Carlos Alberto Bezerra

Contra você, porém, tenho isto: você abandonou o seu primeiro amor (Ap 2:4).

As palavras do versículo em destaque foram dirigidas à igreja de Éfeso e tratam da realidade da apostasia da fé, que estava acontecendo ali. Era uma congregação que trabalhava com muita perseverança, mas o verdadeiro amor estava sendo abandonado da relação pessoal de intimidade com Deus. A igreja de Éfeso tinha características muito positivas — era trabalhadora, intolerante em relação ao pecado, exigente, confrontadora, capaz de sofrer por Cristo com perseverança e coragem. Mas por algum motivo havia perdido essa visão e apresentava aspectos negativos —religiosidade, perda do fervor, da intensidade do relacionamento com Deus, diminuição do nível de comprometimento, indisponibilidade, orgulho, egoísmo, avareza, espírito crítico e julgador. Em outras palavras, ela se afastou do primeiro amor e foi censurada por isso. Precisamos conferir na nossa experiência pessoal até onde temos mantido o primeiro amor, aquela experiência genuína lá no início da nossa caminhada de fé, quando o amor de Deus foi derramado no nosso coração. Que sejamos menos religiosos e mais conscientes de que os melhores dons não representam nada sem o amor (1Co 13:2). Que coloquemos em prática tudo o que aprendemos de Cristo com o mesmo fervor dos primeiros dias da nossa conversão.

oração

Senhor, ajuda-me a voltar ao primeiro amor. Que eu possa testemunhar com alegria e vigor todo o bem que me tens feito. Em nome de Jesus, amém.

7 DE MARÇO

Beleza verdadeira

Pra. Suely Bezerra

A beleza de vocês [...] esteja no ser interior, que não perece, beleza demonstrada num espírito dócil e tranquilo, o que é de grande valor para Deus (1Pe 3:3-4).

O escritor Augusto Cury diz que "toda beleza é imperfeitamente bela". Toda beleza é exclusiva, como uma obra de arte, e jamais deveria ser limitada por um padrão. Muitas mulheres fazem loucuras, e algumas chegam a morrer em mesas de cirurgia em busca de um padrão estético inalcançável. Deus não nos vê com o olhar instável e subjetivo do ser humano. Ele enxerga a verdadeira beleza no caráter. O apóstolo Pedro escreveu às esposas cristãs dizendo que elas não deviam procurar ficar bonitas usando enfeites, pois a beleza deve estar no coração. Pedro era contra as joias e os penteados? Não. Ele apenas enfatizava que Deus desejava a beleza interior. Nossa vida deve refletir pureza, reverência e santidade. Alguém pode julgar a própria personalidade como sendo mais forte do que gentil, mais barulhenta do que silenciosa. Deus entende, pois foi ele que formou a personalidade de cada um. Quando buscamos nos tornar cada vez mais parecidos com Jesus, ele nos molda segundo a beleza da pessoa que ele desejou que fôssemos. "A beleza é enganosa, e a formosura é passageira; mas a mulher que teme ao Senhor será elogiada" (Pv 31:30). A mulher cristã deve buscar a beleza verdadeira, que consiste em irradiar Deus e sua glória aonde quer que vá.

oração

Pai, atua junto às mulheres neste momento tão difícil que elas têm vivido, de agressões, tanto verbais como físicas, e também de tanta cobrança. Usa minha vida com a tua sabedoria para estar ao lado delas. Em nome de Jesus, amém.

9 DE MARÇO

A recompensa da fidelidade

Pr. Carlos Alberto Bezerra

Não tenha medo do que você está prestes a sofrer. [...] Seja fiel até a morte, e eu lhe darei a coroa da vida (Ap 2:10).

A terceira carta de Jesus às igrejas no Apocalipse é destinada à igreja de Esmirna, situada onde hoje fica a Turquia. A carta manifesta louvor pela fidelidade e perseverança que a igreja demonstrava diante das lutas e das crises. As perseguições do tempo de Nero não conseguiram desmotivá-la nem fazê-la desistir do grande propósito de implantação do reino e do governo de Deus sobre aquele povo. As tribulações faziam com que os crentes de Esmirna continuassem firmes, crendo na recompensa da fidelidade. O apóstolo Tiago registrou o seguinte em sua carta: "Meus irmãos, considerem motivo de grande alegria o fato de passarem por diversas provações, pois vocês sabem que a prova da sua fé produz perseverança. E a perseverança deve ter ação completa, a fim de que vocês sejam maduros e íntegros, sem lhes faltar coisa alguma" (Tg 1:2-4). Essa certeza motivava os cristãos da igreja de Esmirna e deve nos motivar hoje também. Se permanecermos fiéis, haveremos de receber a coroa da vida. Esse é o nosso grande desafio e a nossa gloriosa promessa. Jesus prometeu estar conosco e enviou seu Espírito Santo para nos consolar e nos fortalecer diante das dificuldades. Que isso nos faça prosseguir rumo à recompensa da fidelidade.

oração

Senhor, muitas são as provações e perseguições que preciso enfrentar no dia a dia e por isso peço que me ajudes a permanecer fiel a ti. Em nome de Jesus, amém.

11 DE MARÇO

Com quem você está caminhando?

Pra. Suely Bezerra

Aquele que anda com os sábios será cada vez mais sábio, mas o companheiro dos tolos acabará mal (Pv 13:20).

Existe um adágio popular que diz: "Diga-me com quem andas e eu te direi quem tu és". Se alguém quiser conhecer nosso caráter, basta analisar nossas companhias. Nossas amizades influenciam nosso comportamento, modificam nossos hábitos, influenciam nossas opiniões e até nossa maneira de falar e vestir. Como no versículo que lemos, quem anda com pessoas sábias se tornará mais sábio, porque acrescentará coisas edificantes à sua vida. O mesmo se aplica quando caminhamos com o Senhor. As pessoas verão em nossos hábitos e comportamentos o próprio Jesus. Podemos participar dos cultos da igreja, mas isso não substitui nosso momento pessoal com Deus. Embora Jesus estivesse sempre envolvido com as obras do Pai, ele não negligenciava a oração. Passar um tempo em oração é uma das melhores maneiras de nos abrirmos a Deus, para que ele aja em todas as áreas da nossa vida. Em Salmos 1:1-3 lemos como somos abençoados quando escolhemos cuidadosamente as pessoas com quem andamos, quando não nos juntamos com os que zombam de tudo que é sagrado. Há pessoas que até podem ser consideradas boas, mas, se não tiverem o temor do Senhor, não podemos segui-las, nem andar com elas, nem ouvir seus conselhos. Infelizmente, há pessoas assim até dentro das igrejas, e não devemos nos associar a elas (1Co 5:11). Por isso, temos de ter muito cuidado com isso e refletir na hora de escolher nossas amizades.

oração

Amado Pai, graças te dou porque posso estar contigo a qualquer hora e pelo tempo que quiser. Peço que me dês discernimento e que eu possa refletir aos outros a tua influência em minha vida. Em nome de Jesus, amém.

13 DE MARÇO

Separados do mundo

PR. CARLOS ALBERTO BEZERRA

Sei onde você vive, onde está o trono de Satanás. Contudo, você permanece fiel ao meu nome e não renunciou à sua fé em mim, nem mesmo quando Antipas, minha fiel testemunha, foi morto nessa cidade, onde Satanás habita (Ap 2:13).

Na carta de Jesus à igreja que estava em Pérgamo, ele trata da verdadeira separação que todos aqueles que haviam crido deveriam agora experimentar. Satanás é o príncipe deste mundo (2Co 4:4), e o ensino de Balaão que estava sendo divulgado naquela época certamente significava a mistura completa de um mundo sem Deus com as trevas, e aquela igreja estava sendo afetada. Essa carta fala da necessidade de sermos separados para Deus e para a sua Palavra. Os nicolaítas, aqueles que dominavam o povo, eram uma casta que se achava especial e superior na igreja, algo como o famoso clero, que até hoje conhecemos. Eles manifestavam o desejo de exercer poder sobre o povo, movidos pelo instinto natural de domínio, posição e riquezas — três questões básicas que levavam o povo a se afastar de Deus. Infelizmente, esse comportamento ainda vigora em muitas igrejas que nós conhecemos. Portanto, a carta a essa igreja serve como um alerta para os nossos dias. Somos todos chamados ao arrependimento para que também possamos ser destinatários da promessa: "Também lhe darei uma pedra branca com um novo nome nela inscrito, conhecido apenas por aquele que o recebe" (Ap 2:17). Que sejamos fiéis ao Senhor que nos salvou!

oração

Senhor, o mundo à minha volta é cheio de tentações e por isso eu peço que me ajudes a permanecer fiel ao teu nome, para que eu possa receber a recompensa que me está reservada na Nova Jerusalém. Amém.

15 DE MARÇO

Refugie-se no Senhor

PRA. SUELY BEZERRA

É melhor buscar refúgio no Senhor do que confiar nos homens. É melhor buscar refúgio no Senhor do que confiar em príncipes (Sl 118:8-9).

Nosso mundo não experimentou só uma pandemia, mas enfrentou colapso nas áreas de segurança, economia, governo, enfim, em todos os setores. Tudo isso acaba roubando a paz das pessoas, que se veem obrigadas a conviver com essa sensação de intranquilidade. Confiar em Deus é uma das maiores necessidades do ser humano hoje. Observe que o salmista declara que é melhor confiar no Senhor do que depender de pessoas importantes. Ninguém melhor do que Davi, o autor do salmo, para falar sobre confiança em Deus. Em Salmos 18:1-2, quando fugia de Saul, o cenário que o cercava era de montanhas e cavernas. Confiar no Senhor é como entrar numa caverna e esperar o perigo passar, e foi isso que Davi fez. Ele se escondeu em Deus, em quem sentia firmeza e proteção. Já em Salmos 57:1, ele diz: "Eu me refugiarei à sombra das tuas asas, até que passe o perigo". A figura é da galinha que protege os pintinhos sob suas asas para impedir que as aves de rapina os devorem. Davi afirma que os que confiam em Deus desfrutarão de felicidade verdadeira e real. Em um mundo em que os menos favorecidos são abandonados e esquecidos, Davi mostra o nosso Deus como refúgio para os oprimidos (Sl 9:9-10). Além de ser abrigo, o Senhor protege os seus e não os abandona. Confiar no Senhor é olhar para o passado e ver como ele agiu, tendo certeza da fidelidade dele no presente e no futuro.

oração

Senhor, como é bom saber que tenho um Pai em quem posso confiar. Eu te agradeço por tua fidelidade. Em nome de Jesus, amém.

17 DE MARÇO

Tolerância moral

PR. CARLOS ALBERTO BEZERRA

Aos demais que estão em Tiatira, a vocês que não seguem a doutrina dela e não aprenderam, como eles dizem, os profundos segredos de Satanás, digo: não porei outra carga sobre vocês; tão somente apeguem-se com firmeza ao que vocês têm, até que eu venha (Ap 2:24-25).

Tiatira era uma cidade famosa por suas associações de classe, indústrias de lã e tinturas, que ficava a sudeste de Pérgamo. Na carta à essa igreja, o Senhor reconhece o amor e a fé dessa congregação, mas faz uma advertência: "No entanto, contra você tenho isto: você tolera Jezabel, aquela mulher que se diz profetisa. Com seus ensinos, ela induz meus servos à imoralidade sexual e à utilização de alimentos sacrificados aos ídolos. Dei-lhe tempo para que se arrependesse da sua imoralidade sexual, mas ela não quer se arrepender" (Ap 2:20-21). Havia ali uma profetisa ensinando que os cristãos locais poderiam frequentar templos pagãos e ao mesmo tempo continuar sendo membros da congregação. Essa mulher foi provavelmente chamada de Jezabel por causa da má influência que exercia sobre o marido, num caso parecido com a esposa do rei Acabe. A Jezabel do Antigo Testamento levou o rei de Israel a pecar e introduziu todo tipo de idolatria, prostituição e miséria na nação israelita. A exortação do Senhor à igreja de Tiatira refere-se ao fato de que essa tolerância à imoralidade iria levá-los fatalmente à destruição. Como os crentes daquela congregação, temos necessidade de arrependimento, mudança de atitude e definição na vida. Que o Senhor nos ajude a não tolerar o pecado em nossa vida ou nas nossas comunidades.

oração

Senhor, quero apegar-me a ti e a teus preceitos até que tu venhas me buscar. Sustenta-me, ó pai! Amém.

19 DE MARÇO

Deus do impossível

Pra. Suely Bezerra

Pois nada é impossível para Deus (Lc 1:37).

Participo de várias redes de orações e tenho visto inúmeras pessoas aflitas por seus entes queridos, pessoas doentes, desesperadas com seus dramas pessoais e familiares. Mas tenho presenciado respostas incríveis que Deus concede através da oração. O coração de Deus anseia por nossas orações. É imprescindível que oremos nos momentos difíceis, diante de situações em que uma solução parece improvável. Veja que a palavra impossível não existe no dicionário de Deus. O ser humano se depara com obstáculos o tempo todo, mas eles servem para nos conduzir à dependência de Deus. Quero ressaltar três pontos a respeito da ação milagrosa de Deus em nossa vida. Primeiro, o possível nós fazemos. Gálatas 6:5 diz que "cada um deverá levar a própria carga". Deus capacita-nos a fazer o que está ao nosso alcance e nunca nos dá um fardo mais pesado do que podemos suportar. O segundo ponto é que no difícil Deus ajuda. "Existe alguma coisa difícil demais para o Senhor?" (Gn 18:14, NVT). Nunca estamos sós, pois ele sempre nos toma pela mão e nos ajuda. E, terceiro, o impossível Deus realiza. "O que é impossível para os homens é possível para Deus" (Lc 18:27). Ele é especialista em realizar milagres. Olhe para a sua vida e veja quantos milagres Deus já fez. Sua saúde, sua provisão diária, seu emprego, seu ministério, sua família — tudo tem sido alvo da ação divina. Mas o maior milagre foi que ele o alcançou. Ele transformou um pecador em um santo de Deus, através de sua obra no Calvário. Ele o salvou e lhe deu vida eterna.

oração

Jesus, tu tens me permitido testemunhar grandes milagres, e eu te louvo por isso. Mas hoje quero agradecer em especial porque tu me libertaste do pecado e me aceitaste no teu Reino. Amém.

21 DE MARÇO

Nem frio nem quente?

PR. CARLOS ALBERTO BEZERRA

Conheço as suas obras, sei que você não é frio nem quente. Melhor seria que você fosse frio ou quente! (Ap 3:15).

Laodiceia era uma cidade muito rica, cujo governo pertencia ao Império Romano. Ali havia uma igreja à qual Jesus dirigiu as palavras do versículo em destaque e acrescentou: "Assim, porque você é morno, nem frio nem quente, estou a ponto de vomitá-lo da minha boca. Você diz: Estou rico, adquiri riquezas e não preciso de nada. Não reconhece, porém, que é miserável, digno de compaixão, pobre, cego e que está nu" (Ap 3:16-17). Essas duras palavras de Jesus mostram, na realidade, o cuidado que ele tem com os que são seus, tanto que afirma: "Repreendo e disciplino aqueles que eu amo. Por isso, seja diligente e arrependa-se. Eis que estou à porta e bato. Se alguém ouvir a minha voz e abrir a porta, entrarei e cearei com ele, e ele comigo" (Ap 3:19-20). Jesus quer transformá-los em servos de coração ardente pelo amor redentor do nosso Pai. A inconstância leva à destruição, e esse era o grande perigo que ameaçava aquela igreja. Ele odeia as respostas meio aqui meio lá, em cima do muro, e quer que seus filhos sejam firmes e convictos de nossas posições. Que o Senhor nos ajude a manter comunhão integral com ele e com sua Palavra, a fim de que nada venha a interferir nas decisões que devemos tomar. Que sejamos a igreja da definição, a igreja da palavra, a igreja do sim e do amém.

oração

Senhor, obrigado pelo privilégio de cear à tua mesa. Que meus pés jamais vacilem e eu possa andar com firmeza no caminho que traçaste para mim. Amém.

23 DE MARÇO

Dominados pela ansiedade

Pra. Suely Bezerra

Quando a ansiedade já me dominava no íntimo, o teu consolo trouxe alívio à minha alma (Sl 94:19).

A ansiedade é um sentimento comum em nós, seres humanos, mas que pode ser transformado pelo Senhor. Trata-se de um tema muito atual, pois muitos hoje se veem dominados pela ansiedade. A correria do dia a dia, a incerteza do futuro, a situação no país, tudo isso afeta qualquer um de nós. Vários textos bíblicos abordam esse assunto. Em 1Pedro 5:7 está escrito: "Lancem sobre ele toda a sua ansiedade, porque ele tem cuidado de vocês". A palavra lançar significa que devemos jogar sobre Deus as nossas preocupações, rasgar nosso coração diante dele, mostrando o que nos aflige, na certeza de que ele cuida de nós. Outro exemplo está em Salmos 94:19, que aparece em destaque no início desta página. O salmista experimentava um tempo muito parecido com o que vivemos hoje. Lendo o texto, percebemos que ele vivia numa sociedade injusta, que não se preocupava com o próximo, e tudo gerava nele uma ansiedade que começou a dominá-lo. Porém, o Senhor lhe trouxe alívio. Quando olhamos as circunstâncias, elas podem nos causar ansiedade. Mas, olhando para as promessas, podemos descansar em Deus. A Bíblia nos diz que não devemos andar ansiosos e nos orienta a apresentar a Deus nossas orações e petições (Fp 4:6). Descansemos nele, pois ele não nos rejeita nem nos desampara.

oração

Senhor, tu conheces meu coração. Peço que me ensines a descansar em ti quando a ansiedade tentar me dominar. Ajuda-me a manter minha fé firme em Jesus. Amém.

2 5 DE MARÇO

Promessas do arrebatamento

Pr. Carlos Alberto Bezerra

Conheço as suas obras. Eis que coloquei diante de você uma porta aberta que ninguém pode fechar. Sei que você tem pouca força, mas guardou a minha palavra e não negou o meu nome (Ap 3:8).

Nessa carta, Jesus fala sobre as promessas do arrebatamento à igreja de Filadélfia. Aquela era uma congregação muito especial e recebeu a promessa da segunda vinda do Senhor; Jesus voltará para arrebatar a sua igreja antes dos horrores da grande tribulação (Ap 7:14). Essa carta traz um elogio incentivador: "Visto que você guardou a minha palavra de exortação à perseverança, eu também o guardarei da hora da provação que está para vir sobre todo o mundo, para pôr à prova os que habitam na terra" (Ap 3:10). Essa comunidade era uma referência ao amor fraternal — e é esse o significado do nome Filadélfia. Esse é o grande chamado para nós nesses dias. Deus deseja que sejamos capazes de construir comunidades em que o amor fraternal prevaleça. Os relacionamentos entre nós, os filhos de Deus e discípulos de Cristo, devem ser pautados pela maneira inequívoca que nós seríamos conhecidos. Disse Jesus, nisto conhecerão por esse amor. Que assim cumpramos essa grande e maravilhosa missão de sermos instrumentos que o Senhor há de usar para ampliar o seu Reino. Que na hora da provação nós sejamos aprovados, para nos apresentarmos diante de Deus sem mácula, nem ruga, nem coisa semelhante. Aguardemos com fé a sua vinda e o grande arrebatamento.

oração

Senhor, a força de que preciso para perseverar vem de ti somente. Eu aguardo com fé e esperança o dia da tua vitória! Amém.

27 DE MARÇO

Em busca do tesouro perdido

PRA. SUELY BEZERRA

É melhor obter sabedoria do que ouro! É melhor obter entendimento do que prata! (Pv 16:16).

Em 1980, foi descoberta uma montanha de ouro na Floresta Amazônica. Serra Pelada, como ficou conhecida, era um elevado coberto por floresta, encravado numa fazenda do Pará. Era o maior garimpo do mundo a céu aberto. Um vaqueiro tropeçou numa pedra e, por medo ou lealdade, entregou-a ao dono da fazenda, que, por sua vez, ao consultar um especialista, descobriu tratar-se de uma pepita de ouro. Começou então uma corrida desenfreada de homens vindos de toda parte para recolher o ouro. Mas houve muito sofrimento. Naquele inferno sufocante, eram incontáveis os casos de solidão, doenças, mortes, alcoolismo, suicídio, assassinatos; poucos enriqueceram. Essa história sempre me faz pensar na vantagem de buscar os tesouros escondidos de Deus: ninguém que se dedica a essa tarefa morre, mas recebe vida, saúde e prosperidade. A sabedoria é a habilidade de conhecer o caminho que agrada a Deus. O entendimento é o poder de discernir o que é correto. Não é de admirar que a Bíblia nos ensine a obter sabedoria e entendimento acima de tudo, pois isso nos guarda e nos protege (Pv 4:5-9). Não precisamos perder a vida como aqueles garimpeiros. Jesus já deu sua vida por nós. Não precisamos cavar, porque ele já deixou a estratégia e o mapa da mina. A estratégia é buscá-lo. O mapa é a sua Palavra; nela, encontraremos os tesouros da sabedoria e do entendimento.

oração

Pai amado, eu te louvo, pois és o dono da sabedoria e do entendimento, que são melhores que o ouro e a prata. Ajuda-me a caminhar em segurança tendo a tua Palavra como mapa a me guiar todos os dias. Em nome de Jesus, amém.

29 DE MARÇO

Falta de integridade

Pr. Carlos Alberto Bezerra

Esteja atento! Fortaleça o que resta e que estava para morrer, pois não achei suas obras perfeitas aos olhos do meu Deus (Ap 3:2).

Sardes era uma igreja que ficava na capital do antigo reino da Lídia, situada a uns 48 quilômetros ao sul de Tiatira. Lá o culto ao imperador era muito forte e, consequentemente, a cidade era desprovida de vida e de poder espiritual. Nesse contexto, a carta endereçada a essa igreja diz claramente que as obras deles não eram perfeitas aos olhos de Deus. Os cristãos de Sardes tinham um grande conhecimento, porém sem nenhuma experiência real, tanto que a carta diz: "você tem fama de estar vivo, mas está morto" (Ap 3:1). Faltava àqueles cristãos completa integridade. Havia corrupção em todos os aspectos — moral, familiar, financeiro, econômico, político e social. A igreja de Jesus estava se associando à desordem e à desgraça. Mas Jesus a chama ao arrependimento: "Lembre-se, portanto, do que você recebeu e ouviu; obedeça e arrependa-se. Mas se você não estiver atento, virei como um ladrão e você não saberá a que hora virei contra você" (Ap 3:3). A igreja de Sardes era muito parecida com a dos nossos dias, envolvida com tantos aspectos de corrupção e miséria, de falta de integridade e santidade. Mas o Senhor da igreja deseja restaurar cada um de seus membros, dando um vestido branco aos que se mantiverem longe da contaminação. Que eu e você estejamos dedicados diariamente a buscar a santidade que agrada ao Senhor da nossa vida.

oração

Pai querido, eu te agradeço porque sei que tens para mim os melhores propósitos. Que eu possa ser revestido da tua força para cumpri-los. Em nome de Jesus, amém.

31 DE MARÇO

A verdade liberta

Pra. Suely Bezerra

O Senhor odeia os lábios mentirosos, mas se deleita com os que falam a verdade (Pv 12:22).

Deus odeia mentira. A serpente usou a mentira para enganar Eva e convencê-la a comer o fruto proibido. Assim, a mentira foi o instrumento usado pelo diabo para causar a separação entre Deus e o homem. Por isso, Satanás é chamado de pai da mentira (Jo 8:44). Palavras verdadeiras são claras. A mentira é como a teia de aranha, quanto mais você tenta sair dela, mais preso fica. Quanto mais explica, mais complica. Com palavras é possível construir ou destruir uma vida. A mentira asfixia, como quando uma criança coloca um saco plástico na cabeça e, por não conseguir se livrar do objeto, acaba morrendo. Em geral, a pessoa que mente o faz por insegurança. Pinta quadros irreais, descreve situações fictícias, esconde a verdade. Na realidade, não se aceita como é. Quando Jesus, depois de conversar com a samaritana, mandou que a mulher chamasse seu marido, ela lhe disse que não tinha um (Jo 4). Era mentira, mas Jesus criou um clima de amor para que ela abrisse o coração. Jesus olhou para dentro da mulher, para o seu mundo interior, cheio de inseguranças e temores. Jesus está sempre disposto a caminhar com as pessoas pela senda da verdade, porque esse é o único caminho de liberdade e paz. A partir daquele momento, a samaritana não precisava mais mentir, pois estava livre da prisão de suas meias verdades. Encontrar Jesus é achar segurança e liberdade. A vida torna-se cristalina, e as palavras, transparentes.

oração

Pai, guarda minha boca e livra meus lábios de falarem enganosamente. Que eu sempre fale a verdade, para que teu nome seja glorificado. Em nome de Jesus, amém.

2 DE ABRIL

Amizades verdadeiras

PRA. SUELY BEZERRA

Aquele que anda com os sábios será cada vez mais sábio, mas o companheiro dos tolos acabará mal (Pv 13:20).

Há um ditado popular muito conhecido que diz: "Diga-me com quem andas e te direi quem tu és". Isso faz sentido porque, conscientemente ou não, recebemos a influência das pessoas com quem convivemos, assim como as influenciamos também. Por isso, é importante escolher bem as pessoas com quem andamos. As amizades são uma parte importante da nossa vida. Desde a criação do primeiro casal, Deus mostrou a necessidade do companheirismo. Precisamos compartilhar a vida com outras pessoas. Uma coisa é muito clara, a qualidade da sua vida depende da qualidade das pessoas com quem você convive e da qualidade dos relacionamentos que você constrói. Devemos valorizar qualidade, e não quantidade. Durante seu ministério, Jesus teve vários amigos. Seus discípulos eram mais do que alunos ou servos, eram seus amigos. Assim como Jesus fez, cultive amigos também. Abra-se, conviva com eles como quem diz: "Estou pronto para que você me confronte". A verdadeira amizade espiritual envolve confiança, respeito e até confrontação. Por isso, escolha cuidadosamente seus amigos, valorize aqueles que o corrigem quando você erra. Evite se relacionar com pessoas que prejudicam sua vida espiritual. Seja também uma pessoa fiel e de confiança, especialmente nos momentos difíceis em que seus amigos precisam de você. É melhor ter poucos amigos verdadeiros do que perder tempo com dezenas de amizades superficiais.

oração

Amoroso Pai, capacita-me a cultivar amizades espirituais, que promovam meu crescimento e a quem eu também possa abençoar. Em nome de Jesus, amém.

4 DE ABRIL

A aliança quebrada

PR. CARLOS ALBERTO BEZERRA

Porque, sempre que comerem deste pão e beberem deste cálice, vocês anunciam a morte do Senhor até que ele venha (1Co 11:26).

O pecado principal de Judas Iscariotes foi quebrar a aliança que tinha com seu Mestre. Ele primeiro comeu do bocado de pão com Jesus e depois saiu e o traiu. Sua culpa era dupla. Davi já havia escrito sobre isso: "Até o meu melhor amigo, em quem eu confiava e que partilhava do meu pão, voltou-se contra mim" (Sl 41:9). A ceia do Senhor representa a aliança firmada entre Cristo e seu povo, uma vez que, ao participar dela, o cristão celebra a morte de Cristo para o perdão dos pecados e também sua ressurreição. Paulo advertiu os cristãos de Corinto sobre o perigo de participar da ceia do Senhor sem um compromisso sincero e solene de aceitar as obrigações que essa aliança impõe. Ele disse que quem participava da ceia indignamente, comia e bebia para sua própria condenação (1Co 11:29-30). Na celebração da ceia do Senhor os cristãos reconhecem juntos o compromisso de aliança, que os liga uns aos outros, como ossos que são unidos pelos ligamentos em um só corpo. Para os coríntios, o resultado de não honrar os compromissos de aliança foi o enfraquecimento, o adoecimento e até a morte espiritual prematura de alguns. Cristãos que não estão preparados para aceitar as obrigações de uma aliança, subentendidas na celebração da ceia do senhor, fariam melhor se não a celebrassem. Que o Senhor nos ajude a celebrarmos juntos esta unidade em amor.

oração

Pai, tu és um Deus de alianças e de promessas. Que eu possa honrar a aliança maravilhosa que firmaste comigo ao enviar teu Filho para me resgatar, na cruz, das trevas do pecado e me proporcionar um novo nascimento com a ressurreição. Amém.

6 DE ABRIL

Caminhando sem distrações

Pra. Suely Bezerra

Todavia apenas uma é necessária. Maria escolheu a boa parte, e esta não lhe será tirada (Lc 10:42).

Vivemos uma época de muitas distrações: TV, internet, redes sociais, shoppings... Mas distração é falta de atenção. É ela que nos rouba os momentos de comunhão com Deus. As irmãs Marta e Maria eram amigas de Jesus e o amavam muito. Durante uma visita do Mestre, Marta se achava ocupada com muito serviço. Jesus estava tão perto e ao mesmo tempo tão distante, porque, para ela, o trabalho estava à frente da sua devoção. Já Maria sentou-se aos pés de Jesus para ouvi-lo. Para ela, o serviço vinha depois da devoção. Diante da reclamação de Marta, Jesus proferiu as palavras do versículo. Somente quando cultivamos nosso relacionamento com Deus e sua Palavra é que a nossa vida se torna frutífera. Ao nos sentarmos aos pés do Senhor, nos posicionamos para receber ajuda. Jesus declara que Maria escolheu a boa parte, ela escolheu aquele estilo de vida. Ninguém pode escolher por nós. Cultivar um coração de devoção a Jesus requer tempo e empenho. Maria recebeu graça ao longo da sua vida para sustentar seu estilo de devoção a Deus e será sempre conhecida nos céus pelo amor que dedicava a Jesus. Você tem desperdiçado sua vida com distrações? Você tem dedicado excessiva energia ao trabalho e negligenciado a vida devocional? O que você pode deixar de lado agora a fim de aquietar-se para ouvir a voz de Deus? Pense nisso e faça boas escolhas.

oração

Pai bondoso, dá-me um coração como o de Maria, que amava teu Filho Jesus acima de tudo. Desperta em mim o desejo de buscar-te e ouvir-te todos os dias com devoção e deleite. Em nome de Jesus, amém.

8 DE ABRIL

Chamado à santidade

Pra. Suely Bezerra

Pois está escrito: "Sejam santos, porque eu sou santo" (1Pe 1:16).

Vivemos dias em que o pecado que impera no mundo tem entrado pelos portões da igreja, e isso é resultado da pregação de um evangelho sem arrependimento e sem compromisso. Então, torna-se cada vez mais urgente que entendamos o chamado de Deus para sermos santos. O sacerdote deveria trazer na sua testa, na mitra, uma inscrição dizendo "Santidade ao Senhor". A santidade deve ser a marca do cristão. A identidade que devemos assumir e confessar em Cristo pressupõe que sejamos santos. Quando você nasceu de novo, você foi chamado para ser santo. Isso tem que fazer parte inegociável da sua nova vida. Ser santo não é ser perfeito, mas é ser separado do pecado para Deus. Santo é aquele que foi regenerado por Deus e vive agora uma vida de obediência. O cristianismo não é uma instituição criada para distribuir bens e prosperidade. Antes, a missão que Jesus nos deixou tem como prioridade básica que sejamos santos e inculpáveis no meio de uma geração corrompida e depravada (Fp 2:15). E, a fim de que eu e você pudéssemos viver assim, Cristo nos concedeu seu Espírito Santo, para habitar em nós e nos capacitar a viver esse estilo de vida. O ser humano feito santo respeita o cônjuge e os filhos, é diligente no trabalho e sabe lidar de forma ética e responsável com as finanças. O resultado em geral é uma vida próspera e feliz. O chamado primeiro da fé cristã autêntica não tem a ver com bênçãos materiais, mas sim com uma vida de santidade e justiça diante de Deus e dos homens.

oração

Deus santo, ajuda-me a ser mais santo e fiel a ti a cada dia. Quero viver de acordo com os teus preceitos. Em nome de Jesus, amém.

10 DE ABRIL

Uma vida cheia do Espírito

PR. CARLOS ALBERTO BEZERRA

Não se embriaguem com vinho, que leva à libertinagem, mas deixem-se encher pelo Espírito, falando entre si com salmos, hinos e cânticos espirituais, cantando e louvando de coração ao Senhor, dando graças constantemente a Deus Pai por todas as coisas, em nome de nosso Senhor Jesus Cristo (Ef 5:18-20).

Deus deseja edificar a vida de seus filhos, de modo que todos nós sejamos semelhantes a Jesus, o primogênito. Para que isso aconteça, é necessário que sejamos cheios do Espírito Santo. É do agrado de Deus que, em vez de nos embriagarmos da alegria passageira deste mundo, busquemos nos encher do Espírito Santo, falando entre nós com salmos, hinos e cânticos espirituais. É dessa maneira que podemos expressar nossa relação de intimidade com o Senhor. Há uma diferença entre o relacionamento especial diário com Jesus e as atividades cristãs. Muitos cristãos pensam que ambos são a mesma coisa, que atividade é relacionamento. Não. São coisas bem diferentes. Podemos fazer muitas coisas, inclusive exercer funções no ministério, sem que o nosso coração esteja de fato voltado para Deus. Só nos relacionamos verdadeiramente com Deus à medida que nos deixamos encher pelo Espírito, e o serviço que brota desse relacionamento é o único que produz frutos que glorificam ao Senhor e edificam sua igreja. Todo cristão deve ter como prioridade número um desenvolver uma vida de intimidade com o Pai por meio do Espírito Santo. Que Deus nos conceda essa graça.

oração

Senhor, livra-me da busca de satisfação naquilo que não pode me satisfazer. Enche-me com o teu Espírito para que meu coração transborde de alegria verdadeira e de louvor a ti. Amém.

12 DE ABRIL

Paz em tempos de turbulência

Pra. Suely Bezerra

O próprio Senhor da paz lhes dê a paz em todo o tempo e de todas as formas. O Senhor seja com todos vocês (2Ts 3:16).

Diante do quadro de violência, miséria, injustiça, corrupção, descrédito nas instituições e enfraquecimento dos valores morais em que vivemos, parece não haver respostas aos dilemas humanos, especialmente pelo fato de muitos se sentirem sós, vazios, sem valor e sem paz. Jesus disse aos seus discípulos: "Deixo-lhes a paz, a minha paz lhes dou. Não a dou como o mundo a dá" (Jo 14:27). Claramente o Mestre estava afirmando que a paz que ele dá é diferente da paz do mundo. Quando ele se referiu ao mundo, falava da sociedade e da cultura em que vivemos. Você já esteve em um mar agitado? Eu estive e não desejo repetir a experiência. Na superfície, os ventos se movem sobre o mar de 60 até 160 quilômetros por hora, com chuva forte, raios e trovões; as ondas podem chegar a quinze metros de altura. É fácil uma embarcação se perder nessas tempestades. Mas, abaixo da superfície, a 30 metros de profundidade, está tudo quieto, sem som, sem turbulência. Isso me fez pensar na paz de Cristo. Essa paz de que ele falou aos discípulos e que prometeu nos dar. Ele disse que teríamos aflições, mas que sua presença constante conosco seria o meio de experimentarmos a paz. Por isso, quando o medo, a ansiedade e os problemas surgirem em sua vida, confie e creia que ele está com você e quer que você experimente essa paz em todos os momentos, porque Jesus é o Príncipe da Paz.

oração

Amado Jesus, como é bom saber que diante das turbulências da vida tu estás comigo e és a minha paz. Eu te louvo e te agradeço por isso. Amém.

14 DE ABRIL

Não se preocupe

Pra. Suely Bezerra

Portanto, não se preocupem com o amanhã, pois o amanhã se preocupará consigo mesmo. Basta a cada dia o seu próprio mal (Mt 6:34).

Diariamente experimentamos muitas situações que geram ansiedade. São problemas de toda ordem — trânsito, violência, saúde pública, a política do país e assim por diante. Muitas vezes nos pegamos pensando no que acontecerá a nossos filhos e netos como consequência de viverem numa sociedade que sofre profunda desarticulação. Tudo isso gera em nós insegurança e preocupação quanto ao futuro. Seria bom se pudéssemos escrever nossas preocupações em um pedaço de papel e guardá-lo numa caixa, acreditando que esse gesto nos ajudaria a deixar todas as incertezas longe da nossa mente. Mas sabemos que isso não resolve nada, pois as preocupações estão sempre a nos rondar. Por isso, é bem melhor entregá-las ao Senhor. A Bíblia nos ensina a lançar sobre Jesus as nossas ansiedades, pois ele cuida de nós (1Pe 5:7). A preocupação rouba de nós a alegria de viver o hoje, esgota nossas energias, limita nossa vida em Deus. Devemos lembrar que, se ele cuida das aves e das flores, muito mais cuida de nós, que somos seus filhos. Depois da salvação, a maior bênção que recebemos é a proteção de Deus. Jesus pediu em oração ao Pai que nos livrasse do Maligno (Jo 17:15). Deus responde as nossas orações e o Espírito Santo nos fortalece, nos consola e nos ajuda em todas as situações. Creia nas promessas de Deus, coloque suas preocupações nas mãos dele e descanse.

oração

Deus eterno, ajuda-me a entregar toda ansiedade e preocupações em tuas mãos, pois tu cuidas de mim e me proteges a cada dia. Em nome de Jesus, eu te agradeço por isso. Amém.

16 DE ABRIL

O modelo do Reino de Deus

Pr. Carlos Alberto Bezerra

Todos estavam cheios de temor, e muitas maravilhas e sinais eram feitos pelos apóstolos. Todos os que criam mantinham-se unidos e tinham tudo em comum (At 2:43-44).

O livro de Atos dos Apóstolos conta a história da formação da igreja e mostra como o Espírito Santo começou a construir um modelo do Reino de Deus entre os homens. Da antiga aliança, surgia então o povo da nova aliança, uma nova raça cujo primogênito é Cristo (Rm 8:29). Homens e mulheres nascidos de novo pela vontade de Deus começavam a formar uma comunidade redimida. No novo Reino estabelecido por Jesus começa a surgir uma nova ética e um estilo de vida cheio de justiça e santidade. Se alguém os obrigasse a andar uma milha, a nova ética os fazia caminhar duas milhas. Esse novo estilo de vida sobrepujava a lei do governo humano e isso os distinguia como cristãos (At 11:26). Ainda hoje somos chamados a demonstrar a vida de Jesus à sociedade ao nosso redor. Jesus tratou disso quando afirmou que todos saberiam que somos discípulos deles se nos amássemos uns aos outros (Jo 13:34). A ética do Reino é fundamentada na prática de justiça, na vida de santidade, na paz e no amor acima de todas as coisas. Que, como discípulos fiéis de Jesus, possamos nos manter unidos e assim refletir hoje o Reino que será estabelecido para todo o sempre quando nosso Senhor retornar em glória.

oração

Senhor Deus, que a minha vida reflita o grande amor com que tu me salvaste. Que eu seja um veículo da tua salvação em todos os lugares que tu me levares. Em nome de Jesus, amém.

18 DE ABRIL

Nossas escolhas

Pra. Suely Bezerra

Há caminho que parece reto ao homem, mas no final conduz à morte (Pv 16:25).

O versículo em destaque faz pensar nas escolhas que fazemos no decorrer da vida e que nos levam a experimentar grandes frustrações, porque não passam de atalhos que nos tiram da estrada correta. Não é difícil lembrar de escolhas passadas que deixaram consequências desagradáveis, tanto no âmbito profissional, como no social ou familiar. Isso só confirma o fato de que toda escolha cria uma nova possibilidade de alterar completamente o rumo de nossa vida. Podemos fazer escolhas, mas não podemos escolher as consequências. Fazemos escolhas diariamente e precisamos lembrar que elas afetam a nossa vida e a dos outros. Mas como fazer a escolha certa? Josué não escolheu pelo povo servir a Deus. Eles tiveram que escolher por si só (Js 24:15). A escolha é individual. Lembre-se que todas as suas escolhas devem ser baseadas em seu relacionamento com Deus, sempre em oração, para que você possa ter a convicção de que aquela é a vontade dele para sua vida. Precisamos ser honestos com nós mesmos, reconhecer nossos erros, decidir mudar, ser humildes para pedir perdão. Nunca devemos tomar uma decisão sem pensar na força do nosso ímpeto. Nosso maior inimigo é o nosso egoísmo, e ele nos conduz a escolhas erradas. Em certos momentos, nossa visão estreita, focada só em nossos problemas, leva-nos a decidir sem olhar ao redor e, sem querer, causamos grande estrago no coração de quem mais amamos. Nossas escolhas hoje determinam nosso futuro para o bem ou para o mal.

oração

Pai amado, ajuda-me através do teu Espírito a fazer escolhas corretas segundo o teu propósito. Dá-me sabedoria para escolher bem. Em nome de Jesus, eu te peço. Amém.

20 DE ABRIL

Renovando a mente

PRA. SUELY BEZERRA

Não se amoldem ao padrão deste mundo, mas transformem-se pela renovação da sua mente, para que sejam capazes de experimentar e comprovar a boa, agradável e perfeita vontade de Deus (Rm 12:2).

A educação que recebemos e o ambiente em que vivemos têm muita influência sobre nós. Isso pode ser visto na maneira como nos comportamos, como nos vestimos e como nos relacionamos. Nossas escolhas refletem o que temos em nossa mente. Por sermos humanos e imperfeitos, não temos a capacidade de guiar nossos passos com perfeição. "Quem confia em si mesmo é insensato" (Pv 28:26). As tendências e padrões do mundo são manipulados pelo próprio Satanás, o deus desse sistema. Por isso, se quisermos provar a boa, agradável e perfeita vontade de Deus, precisamos ter nossa mente transformada. Renovar a mente implica em mudança de padrões e de um estilo de vida contrário aos princípios de Deus. Renovar a mente significa tornar novo algo que está envelhecido. Mais do que renovar, é nascer de novo. Quando nascemos de novo, recebemos a mente de Cristo (1Co 2:16). Uma vez nascidos de novo, adquirimos a capacidade espiritual de discernir e compreender as coisas de Deus. Nossa mente, em harmonia com a mente de Deus, deseja cumprir seus mandamentos, fazer sua vontade, anunciar suas obras e refletir sua glória. Ter a mente de Cristo é estar unido a Cristo, é ter comunhão com ele, é servi-lo em amor e gratidão, é compreender a mensagem da cruz e saber que estamos guardados com Cristo em Deus.

oração

Eu te agradeço, Jesus, pois, por meio de tua morte, tu me resgataste da morte eterna e me deste a capacidade de discernir teu grande amor por nós. Louvado seja o teu nome! Amém.

22 DE ABRIL

A real prática cristã

Pr. Carlos Alberto Bezerra

Quando o Filho do homem vier em sua glória, com todos os anjos, assentar-se-á em seu trono na glória celestial. Todas as nações serão reunidas diante dele, e ele separará umas das outras como o pastor separa as ovelhas dos bodes (Mt 25:31-32).

Podemos afirmar que o mundo de hoje se divide em três grupos de pessoas. No primeiro grupo estão os que nem sabem o que está acontecendo à sua volta, portanto, são os ignorantes da história. No segundo grupo estão os que apenas veem as coisas acontecerem; são os observadores da história, só observam. Já no terceiro encontram-se os que fazem as coisas acontecerem, os reais transformadores da história, que conhecem bem a realidade de sua geração. Deus está fazendo coisas maravilhosas todos os dias, mas muitos estão só observando, enquanto outros simplesmente ignoram esse fato. A igreja, no entanto, pertence ao grupo dos transformadores da história e não pode estar alheia à dor das pessoas. Devemos aproveitar as oportunidades que Deus nos dá de fazer as coisas acontecerem. A prática cristã, incentivada e ensinada por Jesus, diz respeito ao amor que dedicamos ao Senhor à medida que amamos e servimos uns aos outros (Mt 25:31-46). Eu e você devemos nos envolver com todas as criaturas que se acham carentes da graça e do amor de Deus, precisamos estender-lhes a mão, ajudá-las em suas necessidades e anunciar-lhes a salvação em Cristo. Que Deus nos use em seu projeto de abençoar, por nosso intermédio, todas as famílias da terra.

oração

Pai amado, obrigado por me chamar para fazer parte do teu Reino e para anunciá-lo em toda a terra. Usa a minha vida para abençoar todos os que sofrem. Em nome de Jesus, amém.

24 DE ABRIL

Seja um agente de paz

PRA. SUELY BEZERRA

Façam todo o possível para viver em paz com todos (Rm 12:18).

O pastor Tim Keller tem uma frase que dá o que pensar: "Viver bem depende de reordenar nossos afetos". Você já notou que, quando temos uma situação de conflito mal resolvido com alguém, ficamos aborrecidos e nos sentimos muito mal? A Bíblia nos aconselha a não contender com ninguém e, se possível, a viver em paz com todos. Esse é um desafio diário. Como viver em paz com os outros após o conflito? Deus quer que vivamos em paz, mas conflitos ocorrem e nem sempre são resolvidos facilmente. Ódio, ciúmes, inveja, ira e egoísmo são frutos da carne, causadores da discórdia (Gl 5:20). Mas Gálatas 5:24 diz: "Os que pertencem a Cristo Jesus crucificaram a carne, com as suas paixões e os seus desejos". Então, algumas medidas devem ser tomadas na hora de lidar com o conflito. Primeiro, determine o valor do relacionamento, lembrando que é na comunhão que o Senhor ordena a sua bênção (Sl 133). Segundo, esteja disposto a ouvir antes e falar depois, conforme recomenda a Bíblia (Tg 1:19). Terceiro, seja transparente, pois esse é o ideal, segundo as palavras de Jesus: "Seja o seu 'sim', 'sim', e o seu 'não', 'não', o que passar disso vem do Maligno" (Mt 5:37). Além disso, sua amabilidade deve ser conhecida por todos (Fp 4:5). O importante é chegar ao cerne do problema. Quando nos comunicamos abertamente, sendo honestos em reconhecer a raiz do conflito, tornamo-nos aptos para estabelecer a paz. Se permanecermos na verdade, Deus estará conosco e eliminará qualquer conflito. Sejamos agentes de paz.

oração

Pai amado, tu és o Senhor das minhas emoções. Peço sabedoria para que minhas ações resplandeçam tua glória. Em nome de Jesus. Amém.

26 DE ABRIL

Siga em frente

PRA. SUELY BEZERRA

Mas eu, quando estiver com medo, confiarei em ti (Sl 56:3).

O que é o medo? É uma sensação desagradável desencadeada pela percepção de perigo, real ou imaginário. É uma reação natural do nosso corpo, que faz parte do instinto de sobrevivência. Se pensarmos em nosso cotidiano, o medo está presente no simples ato de atravessar uma rua. Olhamos para os dois lados antes de atravessar, e é o medo de sermos atropelados que nos faz agir assim. Muitas pessoas têm medo de altura, de avião, de animais, enfim, de várias coisas. Há o medo que serve para a nossa proteção, mas existe aquele medo que nos paralisa e que traz efeitos negativos à nossa vida, pois nos faz retroceder em vez de avançar. Mas hoje quero encorajá-lo segundo a palavra de Deus. Não tema — essa é a declaração de Davi no versículo em destaque. Talvez você esteja diante de um problema que o deixa temeroso, mas o Senhor lhe diz para depositar nele sua confiança. Ele irá à sua frente, estará com você, não o deixará nem o abandonará. "O perfeito amor expulsa o medo" (1Jo 4:18). Tenha sempre em mente as palavras registradas em Isaías 41:10: "Por isso não tema, pois estou com você; não tenha medo, pois sou o seu Deus. Eu o fortalecerei e o ajudarei; eu o segurarei com a minha mão direita vitoriosa". Eu não sei o que o está amedrontando nestes dias. Pode ser uma doença, talvez o medo de perder seus bens ou um divórcio, ou mesmo a incerteza quanto ao futuro, mas o Senhor lhe diz: "Não tema!". Ele é fiel e prometeu estar conosco todos os dias até a consumação dos séculos (Mt 28:20).

oração

Obrigado, Pai, porque tu estás comigo, és um Deus fiel e não esqueces das tuas promessas. Confiamos e descansamos em ti para sempre. Em nome de Jesus. Amém.

28 DE ABRIL

A nova natureza

Pr. Carlos Alberto Bezerra

Amados, amemo-nos uns aos outros, pois o amor procede de Deus. Aquele que ama é nascido de Deus e conhece a Deus. Quem não ama não conhece a Deus, porque Deus é amor (1Jo 4:7-8).

Depois de termos sido transformados em filhos de Deus, através do milagre do novo nascimento, agora o nosso Pai deseja que, como membros de sua família, expressemos sua natureza. A manifestação inequívoca de que somos nascidos de Deus não é se fomos batizados nas águas ou se fomos recebidos em qualquer congregação. O fato de sermos dizimistas ou não também não tem nenhuma força para determinar a realidade da nossa nova natureza. O texto em destaque diz que quem é nascido de Deus ama. O projeto de Deus é ter uma família com muitos filhos semelhantes a Jesus. Por isso, esta família não pode viver de qualquer jeito. O Senhor quer que sua glória, sua natureza e sua maneira de ser sejam vistas pelos homens por meio da forma como nós nos relacionamos uns com os outros. E a grande ênfase desses relacionamentos deve ser o amor. Jesus declarou, pouco antes de sua crucificação: "Um novo mandamento lhes dou: Amem-se uns aos outros. Como eu os amei, vocês devem amar-se uns aos outros. Com isso todos saberão que vocês são meus discípulos, se vocês se amarem uns aos outros" (Jo 3:34-35). Esse é o princípio fundamental da vida cristã, e os mandamentos que nos levam à pratica dessa verdade nada mais são do que a maneira de expressarmos o amor uns pelos outros. Tenhamos em mente, porém, que é somente por intermédio do Espírito Santo que nos tornamos aptos a viver esses mandamentos em sua plenitude.

oração

Senhor, ensina-me a levar um estilo de vida que revele o teu amor a todos os seres humanos. Em nome de Jesus, amém.

30 DE ABRIL

A pedagogia do perdão

PRA. SUELY BEZERRA

Sejam bondosos e compassivos uns para com os outros, perdoando-se mutuamente, assim como Deus perdoou vocês em Cristo (Ef 4:32).

O mundo está vivendo dias de ódio e violência. Tudo isso tem início na vida pessoal, depois é transmitido à família e transborda para a sociedade. O homem natural não tem inclinação a perdoar, mas, quando somos transformados em filhos de Deus, recebemos, através da regeneração, um coração perdoador. Perdoar não é algo opcional para os cristãos, mas sim um mandamento. A falta de perdão causa divisão, contenda, depressão, doenças, divórcio etc. A palavra perdão significa liberação ou cancelamento da dívida. O perdão é ordem, não sugestão. Jesus afirmou que, se não perdoarmos uns aos outros, nosso Pai não nos perdoará. Trata-se de um princípio espiritual. A falta de perdão mantém-nos cativos, abre as portas para doenças físicas e mentais e permite a ação de forças demoníacas, além de bloquear as bênçãos de Deus sobre nossa vida. Quando retemos o perdão, tornamo-nos amargos e nossos corações ficam endurecidos. Lembre-se que perdão não é um sentimento, mas uma decisão. Não deve vir do que eu sinto, mas da minha obediência a Deus. Falta de perdão é falta de amor. "Não retribuam a ninguém mal por mal" (Rm 12:17). Perdoe seus inimigos. O amor não contabiliza os erros, e quem ama nunca desiste, antes, suporta tudo com fé, esperança e paciência. Aquele que não ama não conhece a Deus, pois Deus é amor, por isso, devemos amar uns aos outros.

oração

Pai, dá-me um coração perdoador para que eu perdoe como tu me perdoaste. Ensina-me a amar e faz com que o teu amor transborde em meu coração. Eu te peço em nome de Jesus, amém.

2 DE MAIO

Como anda seu coração?

PRA. SUELY BEZERRA

O coração é mais enganoso que qualquer outra coisa e sua doença é incurável. Quem é capaz de compreendê-lo? (Jr 17:9).

O coração humano é enganoso e cheio de emoções e sentimentos passageiros. Na Parábola do Semeador (Mc 4:3-20), Jesus explica a reação das pessoas quando ouvem a mensagem do Reino. O semeador lança a semente e, ao lançá-la, uma parte cai à beira do caminho e é comida pelas aves. Outra parte cai sobre solo rochoso e, por falta de terra e umidade, não há crescimento. A terceira parte cai entre espinhos que sufocam a planta. A última parte cai em boa terra, e os frutos são numerosos. O semeador é o próprio Deus, e a semente, sua palavra. Os tipos de solo representam os corações. Essa parábola retrata o que acontece conosco. Se o coração for como chão batido e não acolher com amor a semente, os passarinhos do Inimigo não deixam a palavra brotar. No coração comparado ao solo rochoso a semente brota, mas logo murcha. Deus não pode realizar sua obra. A semente também não produz frutos no coração semelhante a um solo cheio de espinhos, que são o dinheiro, as paixões e a libertinagem. Já no coração de terra fértil, a semente brota, cresce e produz frutos. Que tipo de solo é seu coração? Chão batido, pedregoso, espinhoso ou fértil? Deus é amoroso e não desiste de nós. Ele tem o poder de transformar o solo inadequado em solo fofo e fértil. Expulse os passarinhos do Inimigo, remova as pedras e lance fora os espinhos. Eis a promessa de Deus para nós: "Darei a vocês um coração novo e porei um espírito novo em vocês" (Ez 36:26).

oração

Senhor da minha vida, transforma meu coração em solo fértil. Tira o coração de pedra e dá-me um coração de carne, para que eu dê muitos frutos e teu nome seja glorificado. Amém.

4 DE MAIO

Avivamento impedido

PR. CARLOS ALBERTO BEZERRA

E, depois disso, derramarei do meu Espírito sobre todos os povos. Os seus filhos e as suas filhas profetizarão, os velhos terão sonhos, os jovens terão visões (Jl 2:28).

Muito se tem falado sobre avivamento em nossos dias. Porém, muitos ignoram que o pecado é o grande obstáculo para que ele aconteça. No livro de Joel, o profeta nos indica o caminho para o avivamento (Jl 2:12-19). Antes de falar do derramamento do Espírito, ele conclama o povo a se converter de todo o coração, a levar uma vida de santidade, e apela aos sacerdotes e ministros pedindo que chorassem e orassem em favor do povo, para que Deus os poupe. O derramamento do Espírito só vem depois que o pecado é tratado, confessado e perdoado. Só então a promessa do avivamento se dá em grande proporção, transformando o coração do povo num coração realmente quebrantado e transformado. A infidelidade, a rebelião, a desonestidade, a maledicência, o mundanismo, a negligência espiritual e até mesmo a infidelidade nos dízimos podem impedir que vivenciemos um avivamento. Precisamos chamar pecado de pecado e entender que Deus não pode contemplar o mal. Qualquer oração por avivamento que não nos leve a abandonar o pecado é leviana. Lembremos do que diz a Palavra de Deus: "Se o meu povo, que se chama pelo meu nome, se humilhar e orar, buscar a minha face e se afastar dos seus maus caminhos, dos céus o ouvirei, perdoarei o seu pecado e curarei a sua terra" (2Cr 7:14).

oração

Senhor, quebranta meu espírito, perdoa meu pecado, para que eu possa receber a visitação diária do teu Espírito Santo. Amém.

6 DE MAIO

Confiando na provisão de Deus

PRA. SUELY BEZERRA

O meu Deus suprirá todas as necessidades de vocês, de acordo com as suas gloriosas riquezas em Cristo Jesus (Fp 4:19).

Certa viúva foi falar com o profeta Eliseu. Um credor de seu marido queria levar seus dois filhos como escravos como pagamento de uma dívida. Essa história está registrada em 2Reis 4:1-7 e trata de um grave problema social envolvendo uma viúva pobre ameaçada por um credor sem misericórdia. Mas o texto também mostra o cuidado de Deus pelo ser humano em suas necessidades. Muitas famílias em nossos dias experimentam situação semelhante, em que a dor da perda de entes queridos se soma a problemas de ordem financeira, legal e outros. A história dessa viúva nos mostra para onde ir quando não sabemos o que fazer. Primeiro, ela comunicou sua necessidade ao homem de Deus. Pediu ajuda, e ele a orientou. Depois, ela confessou o que tinha em casa: "Tua serva não tem nada além de uma vasilha de azeite" (v. 2). Ela estava concentrada no que não tinha, mas o socorro veio das coisas pequenas que havia em sua casa, a provisão milagrosa veio justamente de uma vasilha de azeite. Deus é capaz de abençoar uma coisa simples e torná-la abundante. O suprimento foi tão grande quanto a fé e a obediência daquela mulher. Não coloque limites à capacidade divina de provisão. Pode ser que você esteja em dificuldade hoje. Talvez precise vender casa, carro, ou encerrar um negócio que era sua fonte de renda. Mire-se no exemplo daquela mulher. Ela clamou, confessou e a provisão veio em abundância. Obedeça ao Senhor e creia que ele suprirá todas as suas necessidades.

oração

Ajuda-me, ó Pai, a crer em tua palavra. Sei que tu és o dono do ouro e da prata e providenciará tudo de que necessito. Amém.

8 DE MAIO

Deus é minha salvação

PRA. SUELY BEZERRA

O Senhor é a minha luz e a minha salvação; de quem terei temor?
O Senhor é o meu forte refúgio; de quem terei medo? (Sl 27:1).

Tenho boas memórias da minha infância. Não esqueço as histórias bíblicas que minha mãe me contava. Muito ouvi sobre Abraão e sua fé, a ousadia de Moisés, a coragem de Davi, a oração de Ana. Isso me ajudou na minha vida cristã. Mas entendi que conhecer o passado não basta para as vitórias que preciso hoje. Vejo os feitos de Deus na vida de personagens do Antigo Testamento e esqueço que eles foram gente como eu e você. Tiveram sentimentos de medo, solidão, abandono, fraqueza e dúvida. Na verdade, nada impediu que eles experimentassem sentimentos negativos, mas foi a postura deles que mudou o rumo da história. Vemos Deus falando com eles e encorajando-os nos momentos de fraqueza. A diferença entre eles e nós muitas vezes está no fato de que aqueles heróis da fé simplesmente acreditaram no que Deus lhes disse. Moisés e Gideão, por exemplo, em diferentes contextos, ouviram Deus e creram e, por isso, realizaram atos dignos de serem escritos. A sua situação atual pode não ser favorável. As condições podem ser adversas e os problemas podem parecer insolúveis. Mas, quando Deus entrar, não para mudar a situação, mas para lhe dizer que está com você, saiba que há duas coisas que estão ao seu alcance: lembrar o que Deus já fez em sua vida no passado e crer no que ele pode fazer hoje. E o que Deus diz hoje é: eu estou com você.

oração

Obrigado, Senhor, porque tu estás comigo o tempo todo, em qualquer situação. Eu te agradeço pelo que fizeste na minha vida no passado e pelo que estás fazendo na minha vida hoje. Em nome de Jesus, amém.

10 DE MAIO

Discernindo as prioridades de Deus

Pr. Carlos Alberto Bezerra

Eu te glorifiquei na terra, completando a obra que me deste para fazer (Jo 17:4).

Depois que nascemos de novo e somos transformados em novas criaturas, devemos aprender a estabelecer as prioridades da nossa vida, na relação com o nosso Pai e uns com os outros. Pouco antes de subir ao Calvário para morrer em nosso lugar, Jesus orou e disse que havia cumprido a missão que recebera do Pai. Jesus pôde expressar-se assim porque ele havia feito tudo tendo por base o que realmente era importante e o que não era. Não é raro encontramos pessoas que perceberam, de repente, que sua vida não estava sendo "gasta" no que era importante aos olhos de Deus. Elas permitiram que os próprios desejos e ideias as governassem e se deixaram levar por pressões que lhes pareciam irresistíveis. O resultado? Famílias desintegradas, relacionamentos desfeitos e muito sofrimento. Isso é o que acontece quando assumimos compromissos ou responsabilidades que são incompatíveis com as prioridades de Deus para nós. Nosso objetivo é permitir que Jesus Cristo viva através das nossas ações, das nossas palavras e das nossas motivações, pois é isso que vai permear todos os relacionamentos importantes da vida de cada um de nós. Nossa relação com Deus, nosso casamento, nossa família, nossa profissão e nosso ministério são prioritários aos olhos do Pai. Quando tudo isso estiver em ordem, certamente estaremos vivendo de modo a agradá-lo.

oração

Senhor Deus, muitas vezes eu me perco diante das várias coisas que surgem diante de mim. Que eu mantenha meus olhos fixos em ti para que possa cumprir o propósito que tens para minha vida. Amém.

12 DE MAIO

Ser mãe em tempos difíceis

PRA. SUELY BEZERRA

Disse-lhe ainda o Anjo do Senhor: "Você está grávida e terá um filho, e lhe dará o nome de Ismael, porque o Senhor a ouviu em seu sofrimento" (Gn 16:11).

A Bíblia relata histórias de muitas mães, como Rebeca, Sara, Ana, Maria e muitas outras que foram fundamentais na sequência do plano de Deus para o ser humano. Dentre tantas mulheres, quero falar um pouco de Agar. Esquecida, ignorada, humilhada, olhada com preconceito, sempre vista como escrava. A Escritura mostra uma mulher que lutava pelos direitos do filho, mesmo sendo injustiçada e explorada (Gn 16, 21:8-21). Essa mãe me faz pensar em outras que vivem hoje em situação semelhante. Sozinhas, abandonadas pelo companheiro e na luta para buscar o sustento de seus filhos. Mulheres que ainda são malvistas e chamadas de mães solteiras. A palavra mãe parece carregar uma força geradora de vida e remete à figura daquela que protege, ama, acolhe e consola. A maternidade é um dom de Deus. Agar foi uma mãe corajosa, que pôde contar com a presença e com o cuidado daquele que vê. Sob a opressão de Sara, Deus não se esqueceu dela e a acudiu na sua aflição. Quantas mães hoje não estão se sentindo aflitas? Sem saber o que fazer com o filho — doente, rebelde ou distante —, muitas vezes essas mulheres se sentem solitárias. Mas Deus ouve o choro delas e o choro de seus filhos. Ele garante água boa e concede força para que mães e filhos prossigam em seus caminhos em paz e confiança.

oração

Senhor, eu te louvo pelo dom da vida e pela força que tu concedes às mães que não medem esforços para fazer o bem aos seus filhos. Peço que concedas uma bênção especial a cada uma delas neste dia. Amém.

14 DE MAIO

Guardando o coração

PRA. SUELY BEZERRA

Sobre tudo o que se deve guardar, guarde o coração, porque dele procedem as fontes da vida (Pv 4:23).

Quando pessoas guardam dinheiro, títulos, fotos, mas não guardam seu coração, o que acontece muitas vezes é que deixam marcas desagradáveis em sua vida e na vida de outras pessoas. Por que o coração? Porque ele é o centro que governa nossas ações, pensamentos, decisões e emoções. Por isso é preciso guardá-lo acima de tudo. Quando as fontes da vida são obstruídas, a alegria vai embora, e ficamos incapazes de amar e de receber amor de Deus. Por anos vamos guardando no coração rancor, mágoa, ressentimento, amargura, ira, e tudo isso vai se transformando em um câncer na nossa alma. É do coração que saem os maus pensamentos, homicídios, adultérios, imoralidades, furtos, falsos testemunhos e calúnias (Mt 15:18-19). E Jesus nos lembra que "a boca fala do que está cheio o coração" (Mt 12:34). Perdemos a beleza da vida e de tudo o que Deus planejou para que usufruíssemos por causa do nosso coração, que não foi guardado devidamente e só armazenou emoções tóxicas. Note que o coração vai ficando endurecido pelo pecado, até virar um coração de pedra, e é por isso que o Senhor promete nos dar um coração novo, um coração de carne (Ez 36:26-28). Para manter nosso coração vivo e pulsante, é preciso obedecer aos estatutos divinos, guardar seus juízos e observá-los, de modo que possamos andar no caminho reto diante do Senhor.

oração

Senhor, guia a minha vida com tua poderosa mão e ajuda-me a depender do teu amor e da tua presença a cada dia. Dá-me um coração novo para que eu possa te obedecer e andar no teu temor. Em nome de Jesus, amém.

16 DE MAIO

Gratidão verdadeira

Pr. Carlos Alberto Bezerra

Um deles, quando viu que estava curado, voltou, louvando a Deus em alta voz. Prostrou-se aos pés de Jesus e lhe agradeceu. Este era samaritano (Lc 17:15-16).

Certa vez, em uma de suas andanças pela Galileia, Jesus curou dez leprosos no caminho para Jerusalém. Apenas um deles, um samaritano, lembrou-se de voltar e agradecer. Alguns dizem que gratidão é a memória do coração, e é verdade, mas se apenas fica na memória e não na prática, trata-se de uma gratidão leviana e sem propósito. O samaritano foi alcançado pela bondade do Pai e curado completamente da sua lepra e fez questão de retornar para demonstrar gratidão. Em contraste, os outros nove, que também haviam sido curados, permaneceram indiferentes à graça que receberam. A gratidão nos faz ver o bem. Quando reconhecemos que estamos em dívida, que recebemos mais do que merecemos, voltamos para agradecer àquele que foi responsável pela cura, libertação, vitória, prosperidade, pelos desafios vencidos, pelas conquistas e tudo mais. A gratidão é, pois, a característica fundamental do cristão. Recentemente vivi circunstâncias muito difíceis na área da saúde. Foram momentos de dor e apreensão, mas Deus não apenas me restaurou, como também me deu irmãos preciosos que por fé travaram comigo essa luta. E por isso sou imensamente grato ao Senhor que me curou e aos irmãos que estiveram o tempo todo ao meu lado e ao lado da minha família, sustentando-nos em oração. Não há palavras para expressar minha gratidão e aproveito este espaço para deixar esse registro. Quais são as coisas pelas quais você deseja demonstrar sua gratidão a Deus hoje?

oração

Senhor, que eu jamais me esqueça de demonstrar gratidão a ti por tudo que fizeste, fazes e farás por mim. Amém.

18 DE MAIO

Olhe para frente

PRA. SUELY BEZERRA

Lembrem-se da mulher de Ló! Quem tentar conservar a sua vida a perderá, e quem perder a sua vida a preservará (Lc 17:32-33).

Gosto muito de estudar a vida de personagens bíblicos. A Bíblia registra seus erros e acertos, fraquezas e necessidades, o que mostra que eles eram como nós. Um personagem que me chama a atenção é a mulher de Ló. Não sabemos seu nome, mas sua atitude é lembrada até hoje. Seu perfil é o de alguém preso ao passado. Muitas pessoas podem não ser apegadas a coisas materiais, mas vivem lembrando de sentimentos e comportamentos negativos, e isso as impede de seguir adiante. Dominadas por um sentimento de autocomiseração, quando olham para trás, não conseguem ver o que Deus tem para a vida delas. A insistência em manter os olhos no passado nos faz perder o foco da vontade de Deus para o caminho que temos adiante. Quando a mulher de Ló olhou para trás, viu que tudo que a satisfazia estava sendo destruído. Ela não confiou que Deus estava fazendo o melhor para ela e sua família e preferiu seus velhos costumes. Resultado? Virou uma estátua de sal (Gn 19:26)! Paulo deixou um exemplo a ser seguido por todos os cristãos: "Irmãos, não penso que eu mesmo já o tenha alcançado, mas uma coisa faço: esquecendo-me das coisas que ficaram para trás e avançando para as que estão adiante, prossigo para o alvo, a fim de ganhar o prêmio do chamado celestial de Deus em Cristo Jesus" (Fp 3:13-14). Tudo que nos impossibilita de avançar deve ser abandonado. Precisamos deixar o velho para nos revestir do novo (Ef 4:22-24). Para onde seu olhar está voltado?

oração

Pai, tua palavra esclarece e me diz como devo viver; por isso te dou graças. Transforma-me à imagem e semelhança de teu Filho Jesus Cristo. Amém.

20 DE MAIO

Enclausurados ou livres?

Pra. Suely Bezerra

Jesus estendeu a mão, tocou nele e disse: "Quero. Seja purificado!" Imediatamente ele foi purificado da lepra (Mt 8:3).

A pandemia provocada pelo coronavírus assolou o mundo, e todo o horror que vivemos me fez lembrar da lepra, uma doença terrível dos tempos bíblicos. Além dos danos físicos ao doente, havia um prejuízo social muito grande. Comparando as duas doenças, vemos muita semelhança. Como a Covid-19, a lepra era uma doença contagiosa, e os infectados precisavam se identificar quando alguém se aproximava deles. Levíticos 13 informa que eles eram colocados em isolamento social, e tudo que tocavam se tornava impuro; seus objetos e suas roupas precisavam ser queimados e até suas casas tinham de ser destruídas. A pandemia deste século também nos fez viver isolados. A boa notícia é que Jesus é maior do que qualquer vírus ou doença. Assim como curou os leprosos, ele também pode nos curar do mal em si e dos efeitos que o acompanham: medo, dúvida, incertezas e incredulidade. Acredito que quando sairmos desse isolamento, não seremos os mesmos. O isolamento pode tornar-se um período que Deus usa para tratar conosco. É um período de reflexão, de fortalecimento espiritual, que nos ajuda a confiar mais em Deus e a buscá-lo mais. Por isso, não tenha medo, antes, aproxime-se mais dele, pois ele quer se revelar a você. "Busquem o Senhor enquanto se pode achá-lo; clamem por ele enquanto está perto" (Is 55:6).

oração

Senhor, graças te dou porque todos os que te buscam em verdade e de coração te encontram. Louvado seja o teu nome. Amém.

22 DE MAIO

Avivamento

Pr. Carlos Bezerra

Senhor, ouvi falar da tua fama; tremo diante dos teus atos, Senhor. Realiza de novo, em nossa época, as mesmas obras, faze-as conhecidas em nosso tempo; em tua ira, lembra-te da misericórdia (Hc 3:2).

Lembrei de um poderoso avivamento que alcançou o mundo. Ele nasceu na Alemanha, liderado pelo conde Zinzerdorf e durou cem anos. Esse movimento começou com 24 horas de oração diária e culminou na formação e envio dos maiores missionários da história: os morávios. A igreja naqueles dias estava morta, e o mundo, entregue ao ateísmo. A Europa estava falida moral e espiritualmente, e por seus cantos se ouviam pregadores ministrando sermões mortos, sem Cristo, sem Bíblia, sem poder, sem santidade... Era um cristianismo de ofertas, de programas, de competição, de concorrência e que buscava apenas os resultados e os lucros que poderiam ser auferidos. Mas Deus nos chamou para implantar o Reino de Deus no coração das pessoas pela proclamação do evangelho, o qual leva ao arrependimento, à confissão e que transforma o pecador: "se alguém está em Cristo, é nova criação" (2Co 5:17). Portanto, voltemos ao princípio de tudo. O movimento de avivamento não começa com multidões; começa em um pequeno grupo de gente comprometida e quebrantada; pessoas que querem trazer de volta a glória de Deus.

oração

Pai, que este seja nosso modelo, que aprendamos com a história da tua igreja e com as Escrituras, e que o Senhor nos habilite a promover um verdadeiro e poderoso avivamento na história desta nossa geração.

24 DE MAIO

O precipitado perde a bênção de Deus

Pra. Suely Bezerra

Não é bom ter zelo sem conhecimento, nem ser precipitado e perder o caminho (Pv 19:2).

Você já tomou uma decisão com pressa e depois se arrependeu? Ah, quantos de nós tomamos decisões impensadas e arrastamos o resultado pelo resto da vida! A palavra "precipitação" vem de precipício, que significa abismo, perdição, ruína. É uma pressa irrefletida, é reagir sem cautela. Por isso faz sentido afirmar que a precipitação leva à ruína. A Bíblia diz que o homem que não consegue conter seu ímpeto é como uma cidade sem muros (Pv 25:28), isto é, sem proteção, de fácil acesso para o inimigo. Abraão não entendeu o tempo de Deus e se relacionou com a escrava, gerando um filho que não era o filho da promessa. As consequências dessa precipitação são vistas até hoje. Esse e outros exemplos bíblicos comprovam que a precipitação traz sérias consequências para nossa vida. Como evitar a precipitação? *Primeiro*, descanse em Deus e permita que ele aja. Salmos 37:5 diz: "Entregue o seu caminho ao Senhor; confie nele, e ele agirá". *Segundo*, deixe Deus guiar sua vida, pois ele é o pastor que nos conduz aos pastos verdejantes (Sl 23). E, *terceiro*, aja no tempo certo, "para tudo há uma ocasião, e um tempo para cada propósito debaixo do céu" (Ec 3:1). Existem milhares de pessoas sofrendo consequências em razão de atos precipitados. Descanse em Deus. Deixe que ele guie sua vida. Aja no tempo dele e você evitará muitas tristezas.

oração

Senhor, ensina-me a esperar tua direção, a agir com lucidez no tempo certo e a descansar na tua sabedoria e no teu amor. Em nome de Jesus, amém.

26 DE MAIO

O sonho de Deus

Pra. Suely Bezerra

Porque Deus tanto amou o mundo que deu o seu Filho Unigênito, para que todo o que nele crer não pereça, mas tenha a vida eterna (Jo 3:16).

Todos nós temos sonhos. Mas precisamos de estratégia, persistência e coragem para realizá-los. Nem sempre as pessoas que nos rodeiam nos apoiam e nos compreendem. Os sonhos são nossos, mas o veredito da realização quem dá é Deus. Em 1960, Martin Luther King, líder negro pacifista e pastor americano, durante uma marcha em Washington que reuniu 250 mil pessoas, proferiu o famoso discurso "Eu tenho um sonho", em que expressava seu desejo de liberdade, igualdade e respeito entre brancos e negros, num momento em que a segregação racial nos Estados Unidos era terrível. Ironicamente esse líder da paz foi assassinado por fanáticos e intolerantes. Mas sua luta não foi em vão. Sonho significa aspiração, desejo profundo de alcançar algo muito importante. Deus tem um sonho: que nenhum de seus filhos se perca (Mt 18:14). O sonho de Deus está descrito no versículo em destaque. A expressão "todo o que" é ampla e inclusiva, diz respeito a todos — a mim e a você. O sonho de Deus se tornou realidade quando Jesus foi à cruz para morrer em nosso lugar, levando sobre si nossos pecados, nossas dores e nossas enfermidades. O sonho de Deus se realizou quando Jesus ressuscitou, fazendo de cada um de nós que o recebemos novas criaturas. A nossa missão hoje é que cada cristão possa dizer: "Eu tenho um sonho, o de ver o pecador se tornando em um santo de Deus".

oração

Senhor, eu te agradeço por tão grande salvação. Faz de mim um instrumento de proclamação do evangelho, para que o teu sonho se realize plenamente. Em nome de Jesus, amém.

28 DE MAIO

Espírito Santo: promotor de vida

PR. CARLOS BEZERRA

Eu lhes envio a promessa de meu Pai; mas fiquem na cidade até serem revestidos do poder do alto (Lc 24:49).

Diante da dura realidade de nossos dias, urge um clamor por um avivamento que produza transformação real, como aconteceu no passado. O Espírito Santo é o promotor desse milagre, pois não existe avivamento sem o poder dele. Certo dia Jesus disse a seus discípulos que esperassem a promessa para assim serem habilitados para o serviço. Jesus salientou a necessidade da unção do Espírito Santo para o ministério; nossos esforços são inúteis sem esse poder. Estamos empenhados em um trabalho sobrenatural: lutamos uma batalha contra as trevas usando armas que não são deste mundo (Ef 6:12-18). Se queremos transformação, precisamos da ajuda do Espírito. Devemos nos prostrar diante do Senhor e confessar nossa incapacidade, nosso fracasso e nosso pecado de autossuficiência. Em Atos, vemos que foi o batismo do Espírito que capacitou os discípulos a serem testemunhas em "Jerusalém, em toda a Judéia e Samaria, e até os confins da terra" (1:8). Nós, hoje, ainda precisamos desse mesmo batismo para levar cura às nações; a cura para as doenças espirituais, políticas, econômicas etc. Busque o batismo do Espírito Santo, que há de produzir santidade, poder e vida para você testemunhar sobre Jesus e para a manifestação da vida de Jesus através da graça que cura, liberta e transforma as pessoas.

oração

Senhor, encha-nos do teu Espírito para que sejamos renovados e assim possamos falar até os confins da terra sobre a graça que cura, liberta e transforma as pessoas.

30 DE MAIO

Passado nunca mais

PRA. SUELY BEZERRA

Esqueçam o que se foi; não vivam no passado. Vejam, estou fazendo uma coisa nova! Ela já está surgindo! Vocês não o percebem? Até no deserto vou abrir um caminho e riachos no ermo (Is 43:18-19).

Satanás sempre quer nos levar ao passado para que não vejamos o que Deus tem para nós. Como foi sua vida no passado? Foi boa ou você não gosta de lembrar? Muitas pessoas vivem em função de coisas que já aconteceram, e isso é um problema que as paralisa e atrasa o processo que Deus tem para elas, porque o passado não pode ser modificado. Muitos usam seu passado como desculpa para seus insucessos. Use seu passado com sabedoria, lembrando dele como lições que podem evitar erros no presente e no futuro. O passado acorrenta nossa mente e nos impede de avançar. Quando conhecemos Jesus, estávamos marcados pelo pecado, e nosso destino era a morte. Mas em sua infinita bondade ele fez de nós novas criaturas. Se olharmos para o passado, que seja para lembrar que ele cooperou para sermos o que somos hoje. Lembre-se, primeiro, não permita que o passado se transforme no seu presente. Como fez Paulo, prossiga para as coisas que estão adiante (Fp 3:13-14). Segundo, use o passado para aprender sobre si mesmo e sobre Deus. "Foi bom para mim ter sido castigado, para que aprendesse os teus decretos", diz o salmista (119:71). O passado é real, não podemos mudá-lo nem negá-lo. Mas por meio de Cristo fomos perdoados e libertos do passado. Nosso passado não determina nosso futuro. Podemos mudar o presente a fim de construir um futuro seguro em Cristo Jesus.

oração

Senhor Jesus, eu te agradeço porque naquela cruz me libertaste do meu passado, do meu pecado e da morte eterna. Amém.

1 DE JUNHO

Perdoar é mandamento

Pra. Suely Bezerra

Então Pedro aproximou-se de Jesus e perguntou: "Senhor, quantas vezes deverei perdoar a meu irmão quando ele pecar contra mim? Até sete vezes?" Jesus respondeu: "Eu lhe digo: não até sete, mas até setenta vezes sete" (Mt 18:21-22).

Perdoar é uma das coisas mais libertadoras que alguém pode fazer. A falta de perdão é como uma pedra amarrada na perna que impede a pessoa de caminhar. Perdoar traz paz ao coração e dá real sentido à existência. Muitos sofrem com problemas emocionais por não perdoarem ou por não se sentirem perdoados. Uma coisa é pedir perdão por algo que fizemos contra alguém, outra é liberar perdão para quem nos ofendeu. Ambas as atitudes são de difícil execução. Aprendemos a pedir perdão com os pais em casa. Mas liberar perdão é algo que aprendemos com a vida. Jesus disse a Pedro para perdoar não só sete vezes, mas setenta vezes sete. Isso seria 490 vezes, ou seja, não há limites, pois durante nossa vida sempre teremos de perdoar. Se quisermos ter saúde emocional, física e espiritual, não podemos abrigar em nosso coração rancor ou desejo de vingança. Lembre-se que perdão não é um sentimento, mas um mandamento. Quando perdoamos, renunciamos ao passado e curamos o presente. Faça de hoje o dia do perdão. Perdoe seu cônjuge, filhos, parentes, amigos, qualquer pessoa que o tenha prejudicado. A falta de perdão traz conflito interior, divisão, infelicidade e tristeza. Peça perdão a Deus por esse sentimento e depois se acerte com quem o feriu. Caminhe livre, sem ressentimentos. "Perdoem como o Senhor lhes perdoou" (Cl 3:13).

oração

Pai querido, agradeço-te pelo teu perdão e peço que me ajudes a perdoar os que me ofenderem, pois quero viver em paz e sem ressentimento. Em nome de Jesus, para tua glória, amém.

3   DE   JUNHO

Renovação diária

PR. CARLOS BEZERRA

E todos nós, que com a face descoberta contemplamos a glória do Senhor, segundo a sua imagem estamos sendo transformados com glória cada vez maior, a qual vem do Senhor, que é o Espírito (2Co 3:18).

O grande desafio para nós é que sejamos cheios do Espírito Santo para que, só assim, cumpramos a tarefa e o ministério que o Senhor nos tem dado. Digo isso, pois, aquele que é cheio do Espírito Santo tem nele a vida de Cristo. O modelo a ser seguido é Jesus, e Deus predeterminou que fôssemos iguais a ele (Rm 8:29-30). O Espírito Santo passa para nós a vida e as qualidades de Jesus até que o caráter dele seja formado em nós. Isso significa que, à medida que somos cheios de unção, passamos a falar como Jesus, a agir como ele, a dedicar-nos para sermos santos. Não precisamos mais nos esforçar para ter fé, pois vivemos pela fé no Filho de Deus; não teremos falta de amor, pois seu amor é derramado diretamente em nosso coração. Teremos a mente de Cristo e seremos transformados dia após dia até chegarmos à sua imagem. Além disso, também produziremos frutos que revelarão as características do caráter de Cristo em nosso proceder (Gl 5:22-24). Seja cheio de Espírito Santo, busque um batismo novo, uma unção nova. Busque o novo do Pai para este novo dia, o maná que ele lhe oferece para esta nova oportunidade.

oração

Pai amado, cada dia mais queremos ser mais parecidos com o teu Filho. Inunda nosso ser do poder do teu Espírito, assim produziremos os frutos de alegria, paz e bondade; e isso levará as pessoas ao nosso redor a verem Cristo em nossas vidas e assim glorificarem mais teu santo nome.

5 DE JUNHO

Preciosos para Deus

PRA. SUELY BEZERRA

Que é o homem, para que com ele te importes? E o filho do homem, para que com ele te preocupes? Tu o fizeste um pouco menor do que os seres celestiais e o coroaste de glória e de honra (Sl 8:4-5).

Esse salmo de Davi é um hino de louvor que fala da beleza do Criador e de seus feitos, referindo-se ao homem em sua fragilidade, mas com a honra que Deus lhe deu. O salmo mostra que o homem foi criado à imagem e semelhança de Deus e é a mais notável de todas as criaturas. Certa vez, encontrei uma amiga e cumprimentei-a com o tradicional "Como você está?". A resposta que ouvi foi: "Estou um lixo". Logo respondi: "Mas você não é um lixo! Você tem valor!". Muitas vezes, mesmo não se sentindo assim, as pessoas acumulam muito lixo ao longo da vida, sem saber que essa bagagem malcheirosa contamina não só elas mesmas, mas também outras pessoas. Carregar na memória amargura, ressentimento, rejeição, frustrações acaba por afetar o outro, conforme Hebreus 12:15: "Cuidem que ninguém se exclua da graça de Deus. Que nenhuma raiz de amargura brote e cause perturbação, contaminando a muitos." Deus deu seu Filho Jesus Cristo para nos limpar de todo lixo que nos entristece. Ele disse: "Venham a mim, todos os que estão cansados e sobrecarregados, e eu lhes darei descanso. Tomem sobre vocês o meu jugo [...] Pois o meu jugo é suave e o meu fardo é leve" (Mt 11:28-30). Sozinhos somos incapazes de jogar fora o lixo acumulado ao longo da vida, mas através de Jesus somos purificados, libertos e transformados.

oração

Senhor, reconheço minha fragilidade e sei que dependo exclusivamente de ti. Afasta da minha vida tudo que me impede de refletir tua beleza neste mundo. Amém.

7 DE JUNHO

Viva com segurança

PRA. SUELY BEZERRA

"Não sabemos o que fazer, mas os nossos olhos se voltam para ti" (2Cr 20:12).

A pandemia que se abateu recentemente sobre a humanidade causou estragos também no interior das pessoas. Muitos experimentaram crises existenciais; o relacionamento entre casais que já não viviam bem se agravou; maridos perderam o emprego; a violência doméstica explodiu; crianças, impedidas de brincar com os amigos, passaram a viver com o celular na mão; jovens passam a maior parte do tempo em videogames; idosos experimentam depressão diante da ameaça de contrair o vírus. As notícias não poderiam ser piores, e a população se viu sem perspectiva, como um navio à deriva em alto mar. De um lado, pessoas ignorando o vírus, do outro, o descaso do governo com o povo. As ameaças se tornando assombrosas, as forças diminuindo, a derrota anunciando-se inevitável. O rei Josafá estava em uma situação muito semelhante, entrincheirado por muitos inimigos. Mas ele orou: "não temos força para enfrentar esse exército imenso que está nos atacando. Não sabemos o que fazer, mas *os nossos olhos se voltam para ti*" (2Cr 20:12). Aqui está o segredo. Quando olhamos ao nosso redor, vemos as circunstâncias, a situação, o caos. Não temos força e nada podemos fazer. Mas quando os nossos olhos estão postos em Deus, somos capazes de enxergar o escape e descobrimos o propósito que ele tem para nossa vida. Temos força para ajudar os outros com atitudes, palavras de ânimo, consolo, esperança e salvação. Que sejamos como Josafá, sabendo que as batalhas não são nossas, mas do Senhor.

oração

Senhor, ajuda-me a ser como Josafá e a colocar os olhos em ti, sabendo que a vitória vem das tuas mãos. Em nome de Jesus, amém.

9 DE JUNHO

Você precisa nascer de novo

Pr. Carlos Bezerra

Em resposta, Jesus declarou: "Digo-lhe a verdade: Ninguém pode ver o Reino de Deus, se não nascer de novo [...] Ninguém pode entrar no Reino de Deus, se não nascer da água e do Espírito (Jo 6:3,5).

Avivamento e plenitude do Espírito estão ligados ao novo nascimento, o que faz daqueles que creem novas criaturas, capazes de reproduzir a vida de Cristo. Com a natureza que todos nascemos, é impossível entrarmos no Reino de Deus. É preciso nascer de novo, isto é, deixar Deus tirar nossa natureza velha e perversa e nos dar sua natureza divina (Ef 4:22-24). É por causa do pecado que o mundo está tão cheio de dores, misérias, guerras, sofrimento, mentira, adultério, divórcio... Nascer de novo, portanto, significa permitir que Deus substitua nosso coração duro por um novo (Ez 36:26-27). Todo ser humano precisa dessa intervenção divina. Você já teve alguma experiência do novo nascimento? "Você pode ter uma religião importante, e até ser um líder religioso, mas se não tiver a certeza do seu novo nascimento, você não entrará no reino de Deus", disse Jesus a Nicodemos. "Viverá para sempre distante de Deus num lugar chamado inferno. Lá não é o seu lugar". Você precisa ter certeza do seu novo nascimento, mas ninguém por si mesmo pode nascer de novo, isso é obra exclusiva de Deus (Jo 1:13; Tg 1:18), o qual atraiu e crucificou, em Cristo, nossa velha natureza.

oração

Agradeço a ti, Jesus, pois somente por tua morte e sacrifício na cruz é que podemos nascer para uma nova vida. Que a cada dia possamos morrer para os nossos pecados, tendo em vista ser cada vez mais parecidos contigo.

22 DE JUNHO

O socorro presente

PRA. SUELY BEZERRA

Deus é o nosso refúgio e a nossa fortaleza, auxílio sempre presente na adversidade (Sl 46:1).

12 DE JUNHO

Nunca passamos por nada parecido com o que vimos acontecer em decorrência da pandemia. O mundo parou: ruas vazias, parques e restaurantes fechados, escolas e empresas funcionando de forma remota e precária... Além de tudo, não há perspectiva de ficarmos livres de um vírus que não se sabe ao certo de onde surgiu e que foi tomando conta de tudo e de todos. Isso serve para nos mostrar que nada é seguro o suficiente nesta terra. Só em Deus temos segurança. O salmo 46 mostra Deus agindo poderosamente a favor do seu povo. No versículo 1, *Deus é* o nosso refúgio. Ele é abrigo e é amparo, e é nele que nos refugiamos, porque o Senhor "é uma torre forte" (Pv 18:10). Deus é nossa fortaleza no dia da angústia e conhece os que confiam nele. As fortalezas humanas falham, mas a do Senhor é indestrutível. *Auxílio sempre presente* significa ajuda, socorro que não atrasa. O salmo prossegue afirmando que não temeremos ainda que a terra trema e os montes afundem no mar (v. 2), porque *Deus está* no meio de sua cidade santa e ela não será abalada (v. 4-5). Deus está com você, no meio da sua família, dos seus negócios, do seu casamento, por isso você não precisa temer. Qual tem sido seu temor? Olhe para o Senhor e saiba que ele está no controle, comandando todas as coisas. As autoridades, muitas vezes, mostram-se irresponsáveis, mas nosso Deus trabalha para a provisão e preservação de todas as coisas.

oração

Deus todo-poderoso, tu tens o controle da natureza e da minha vida e governas sobre todas as coisas. Faz cessar a guerra e estabelece a paz. Em nome de Jesus, amém.

13 DE JUNHO

Deus cuida de nós

PRA. SUELY BEZERRA

Portanto, não se preocupem com o amanhã, pois o amanhã se preocupará consigo mesmo. Basta a cada dia o seu próprio mal (Mt 6:34).

Antes da pandemia, pesquisas da OMS apontavam o Brasil como o país mais ansioso do mundo. A preocupação excessiva e persistente, o medo, o corre-corre cotidiano, a busca desenfreada por bens, tudo isso leva a um transtorno de ansiedade generalizada. Quando vivemos ansiosos, deixamos de viver o agora por causa dos temores que temos do futuro. Há três fatos importantes sobre a ansiedade: primeiro, a ansiedade é pecado, pois é sinônimo de incredulidade. Temos dificuldade em crer que Deus suprirá todas as nossas necessidades em Cristo Jesus. Segundo, a ansiedade é inútil. A preocupação com o amanhã não ajuda a resolver os problemas de hoje. Terceiro, a ansiedade é prejudicial justamente por nos deixar esgotados. Diante da ansiedade, há três passos que devemos dar: primeiro, lançá-la sobre o Senhor, porque ele tem cuidado de nós (1Pe 5:7). Segundo, pensar corretamente, porque é na mente que podemos vencê-la. Paulo ensina que nosso pensamento deve ser tomado por tudo que é bom (Fp 4:8). E o terceiro é confiar em Deus e orar. "Não andem ansiosos por coisa alguma, mas em tudo, pela oração e súplicas, e com ação de graças, apresentem seus pedidos a Deus" (Fp 4:6). Tome a decisão de confiar no Pai, pois ele quer aliviar seu coração, trazer paz para sua alma, para que você viva livre da ansiedade.

oração

Eu te agradeço, Pai, porque posso confiar em ti, crer nos teus cuidados para comigo e me sentir livre da ansiedade. Em nome de Jesus, amém.

15 DE JUNHO

A igreja contemporânea

Pr. Carlos Bezerra

Há maior felicidade em dar do que em receber (At 20:35).

Como estará a igreja de Cristo nestes dias marcados pela pós-modernidade? Nesta geração apática e egoísta, os valores humanistas estão cada vez mais dominando a sociedade, cuja principal característica é o individualismo: desejo de não se casar, de não ter filhos, ambição financeira etc. De forma sutil, Satanás está impondo esses valores aos cristãos e afetando assim a igreja, fazendo com o que o corpo de Cristo tenha uma visão míope e distorcida, conformando-se com o mundo de hoje. Isso se reflete no púlpito, onde se prega — cada vez mais — um evangelho que tem por principal objetivo o sucesso pessoal. Mas Deus não nos chamou para sermos consumidores, mas, sim, produtores. Produtores de vida, de paz, de santidade, de libertação, de saúde, enfim, de ações condizentes com o evangelho. A essência do ensino de Jesus está no dar, não no receber. Não fomos chamados para buscar bênçãos, mas para abençoar os outros. Todos temos dons e talentos e, portanto, fomos chamados para abençoar os outros, servindo-os com os dons que recebemos; como bons dispenseiros da multiforme graça de Deus (1Pe 4:10). Dessa forma, o Senhor fará coisas novas, extraordinárias e maravilhosas, usando a mim e a você para que a igreja contemporânea, da qual nós somos representantes, seja instrumento de bênçãos a todas as famílias do mundo.

oração

Senhor, usa-nos para tua glória. Que nós, como igreja, possamos ser reconhecidos pela unidade e pelo serviço que prestamos à sociedade. E que tudo o que fizermos seja para tua honra.

17 DE JUNHO

Deus, o nosso protetor

PRA. SUELY BEZERRA

Levanto os meus olhos para os montes e pergunto: De onde me vem o socorro? O meu socorro vem do Senhor, que fez os céus e a terra (Sl 121:1-2).

A leitura do salmo 121 faz-me ver coisas importantes que gostaria de compartilhar com você. Começa com a pergunta que o salmista faz sabendo de onde a resposta virá. Os montes são firmes elevados, mas o salmista sabia que existe alguém muito mais firme e elevado do que eles. Em seguida, ele declara que o socorro dele vem do Senhor. O povo recitava esse salmo durante a caminhada até Jerusalém, onde, no templo, sentiria a presença de Deus. Eles criam e confiavam no Deus que seria seu amparo e consolação para sempre. O salmista fala do Deus que cuida de seus filhos, que não cochila nem pisca. Deus estava dizendo que não seria fácil a caminhada, mas que ele estaria sempre alerta e não permitiria que caíssem (v. 4). O sol não os molestaria de dia, ainda que fosse escaldante. Nem a lua à noite, nas noites escuras da alma (v. 6). Ao afirmar que Deus é "como a sombra que o protege" (v. 5), o autor do salmo mostra a proximidade de um Deus que não desgruda de nós; ainda que passemos pelo vale, ele não perde o controle da nossa vida. Deus protege nossa entrada e nossa saída, desde agora e para sempre (v. 8). Ele nos guarda com seu amor e sua misericórdia, onde quer que estejamos. É essa certeza da proteção divina que sustenta a esperança eterna de todos que confiam no Senhor.

oração

Pai, eu te agradeço porque és meu protetor. Sei que sempre tu me socorres, sei que o nosso socorro vem de ti. Amém.

19 DE JUNHO

Paralisados pelo medo

PRA. SUELY BEZERRA

O Senhor é a minha luz e a minha salvação; de quem terei temor?
O Senhor é o meu forte refúgio; de quem terei medo? (Sl 27:1).

Somos frequentemente paralisados pelo medo de que algo possa nos acontecer. Esse sentimento tem o poder de abalar nosso espírito (afastando-nos de Deus), nossa alma (fazendo com que pensemos que Deus não nos aceita) e nosso físico (quando as reações do nosso corpo nos impedem de agir). A primeira vez que a Bíblia fala sobre o medo é logo após o primeiro pecado, quando Deus chama Adão no jardim, e este se justifica dizendo ter se escondido porque sentiu medo (Gn 3:9-10). Essa foi a causa da primeira quebra de relacionamento entre o homem e Deus. Existe o medo benéfico, que serve para nos proteger do perigo. Mas o medo tóxico, irracional, tem deixado pessoas emocionalmente doentes. Sempre que sentir medo, recorra ao Senhor em suas orações, exercite sua fé. Deixe de olhar para a fonte do medo e olhe para o autor e consumador de sua fé (Hb 12:20). Não se acostume com o medo, enfrente-o e o faça desaparecer. Josué estava encarregado de fazer o povo entrar na Terra Prometida e o que ele ouviu do Senhor foi: "Seja forte e corajoso! Não se apavore, nem se desanime, pois o Senhor, o seu Deus, estará com você por onde você andar" (Js 1:9). E esse foi o mesmo conselho que Davi deu ao jovem Salomão a respeito da construção do Templo: "Seja forte e corajoso! Mãos ao trabalho! Não tenha medo nem se desanime, pois Deus, o Senhor, o meu Deus, está com você" (1Cr 28:20). São essas mesmas palavras que Deus dirige hoje a você e a mim!

oração

Pai, eu te agradeço porque nos dás a coragem de que preciso e porque é de ti que vem a vitória. Amém.

21 DE JUNHO

Colunas da igreja de Cristo

PR. CARLOS BEZERRA

Eles se dedicavam ao ensino dos apóstolos e à comunhão, ao partir do pão e às orações. Todos estavam cheios de temor, e muitas maravilhas e sinais eram feitos pelos apóstolos (At 2:42-43).

Qual modelo de igreja prevalecerá? A igreja da metodologia mundana e de seus especialistas? Não. A igreja de Cristo não é um prédio, mas um corpo vivo, uma família de filhos regenerados de Deus que vivem em amor, para, assim, alcançar o próximo e fazer discípulos. Esse é o fundamento da igreja. A "igreja-clube" não prevalecerá, pois nosso Pai não criou um clube, mas uma família formada de pessoas alcançadas por Deus, e que agora passam a participar do cumprimento do sonho do coração de Deus. Em Atos vemos como os primeiros cristãos praticaram essa verdade. Eles perseveravam em aprender com os apóstolos acerca de Jesus. Também viviam em comunhão, pois sabiam que não podiam mais viver atrás somente de interesses próprios. Eles partiam o pão com alegria, lembrando aquilo que Cristo fez por nós no Calvário, e oravam juntos. O resultado é que havia temor no coração das pessoas (At 2: 43), algo que não se vê mais em nossos dias. Muitos pensam que o pecado já não é tão grave assim, já que Deus a tudo perdoa. No entanto, precisamos temer a Deus, ou seja, levá-lo a sério; dessa forma ele terá misericórdia de nós. A igreja que prevalecerá é a igreja firmada na doutrina dos apóstolos, na comunhão, no partir do pão e nas orações.

oração

Pai, como precisamos aprender com nossos primeiros irmãos. Que tua Palavra nos inspire a viver mais em comunhão e a temê-lo mais, para que assim possamos contagiar as pessoas à nossa volta com o teu amor.

23 DE JUNHO

Seguros nos braços do Pai

PRA. SUELY BEZERRA

Protege-me como à menina dos teus olhos; esconde-me à sombra das tuas asas (Sl 17:8).

Será que temos clareza da nossa segurança em Deus? Estamos vivendo uma pandemia, palavra usada sempre que uma doença ameaça infectar muita gente de maneira simultânea em vários locais do mundo. A Covid-19 possui essas características e por isso a Organização Mundial da Saúde a classificou dessa forma. A doença mostra como somos fracos e não temos controle sobre nossa vida. Onde está então nossa segurança? Em saber que Deus me protege como à menina de seus olhos e me esconde à sombra de suas asas. Esse versículo usa duas imagens para definir nossa fragilidade e dependência. Fala dos olhos e do desejo de estarmos escondidos à sombra do onipotente Deus. Nosso olho é uma das partes mais sensíveis do nosso corpo. O próprio ato de piscar serve para proteger o olho de ciscos e outros agentes externos. Somos preciosos, frágeis e sensíveis, por isso somos protegidos por Deus dos ataques que vêm em nossa direção. A sombra das asas é local da nossa segurança. Ali estamos guardados, protegidos de qualquer perigo. Nas suas asas, temos libertação, livramento, proteção, segurança, mesmo em meio às crises que nos cercam. Somos felizes porque somos amados e guardados por Deus, mas, longe dele, somos indefesos e frágeis. Se nos afastarmos, corremos o risco de sermos alvo do cruel Inimigo. Não importa se você está vivendo um momento de angústia, medo ou tristeza. Experimente o poder de Deus sobre sua vida e deixe que ele cuide de você.

oração

Senhor, em meio a tanta insegurança e incerteza, quero confiar inteiramente em ti. Sei que é no nome de Jesus que está a minha segurança. Amém.

25 DE JUNHO

Tomando a atitude certa

Pra. Suely Bezerra

Então Jesus lhe disse: "Levante-se! Pegue a sua maca e ande" (Jo 5:8).

Você suportaria esperar 38 anos por uma cura? Pois foi nessa condição que Jesus encontrou um homem no tanque de Betesda. Era ali que se reuniam pessoas com todo tipo de enfermidades. Quando o anjo agitava as águas do tanque, o primeiro que entrasse ali era curado. Os doentes chegavam a lutar entre si para ver quem entrava o primeiro. Mas aquele homem estava lá há 38 anos sem sucesso. Quando Jesus viu sua necessidade, perguntou-lhe se queria ser curado. Em vez de dizer que sim, o homem começou a justificar-se dizendo que ninguém o ajudava a entrar no tanque. Quantos de nós hoje agimos da mesma forma? Nós nos justificamos diante das situações e ficamos paralisados, sem força para caminhar. Enterramos os nossos talentos. Precisamos aceitar a ordem de Jesus. Primeiro, devemos nos colocar de pé. Temos de assumir uma nova atitude mental e espiritual. Segundo, devemos tomar a maca. Reconhecer o desânimo e entender que a maca não pode nos impedir de prosseguir. Não devemos mais vê-la como derrota, mas contemplar o poder de Deus de restaurar, curar e mudar situações. Terceiro, devemos andar sob a ordem de Jesus, não seguindo os próprios desejos, mas obedecendo ao que ele diz. Após ser curado, aquele homem encontrou-se com Jesus no Templo, e este lhe disse: "Olhe, você está curado. Não volte a pecar" (Jo 5:14). Ou seja, Jesus o incentivou a mudar de vida. Em que área da sua vida você precisa de cura?

oração

Senhor Jesus, livra-me do marasmo, da apatia e da indiferença. Desperta a minha vontade de seguir-te e buscar-te verdadeiramente. Amém.

27 DE JUNHO

Corpo ou clube?

PR. CARLOS BEZERRA

Há um só corpo e um só Espírito, assim como a esperança para a qual vocês foram chamados é uma só; há um só Senhor, uma só fé, um só batismo, um só Deus e Pai de todos (Ef 4:4-6).

Quando falamos em unidade no corpo de Cristo, é necessário voltarmos mais uma vez ao exemplo da igreja primitiva, a qual recebia pessoas nascidas de novo pelo poder regenerador da Palavra. Assim, era formado um só organismo, o corpo de Cristo (Ef 2:13; 1Co 12:13). Algo bem diferente da igreja de hoje, que está mais para um clube. Muitos se dizem membros só porque assistem às reuniões, ou porque foram batizados, são dizimistas etc. Todavia, a Bíblia não nos apresenta membros, mas discípulos. O discípulo aprende a viver observando o Mestre e ensina os outros conforme sua vida. Jesus fez discípulos, formando-os para continuarem seu ministério. Em muitas congregações atuais, não se pode mais corrigir e discipular as pessoas, pois essas se sentem ofendidas e abandonam a fé; postura que denuncia claramente a falta de uma experiência real de regeneração. Já o discípulo não se ofende, pois está disposto a obedecer com alegria ao seu Senhor e assim se tornar amigo de Deus (Jo 15:14). Discípulo, portanto, é aquele que obedece, propaga o evangelho e faz outros discípulos por meio de uma vida de justiça e santidade. Você é um discípulo?

oração

Jesus, que teu Espírito Santo promova vínculos cada vez mais fortes entre os irmãos e irmãs que fazem parte de teu corpo. Assim, aprenderemos uns com os outros a ser mais parecidos contigo. Que a tua igreja seja transformada em um corpo verdadeiro de discípulos capaz de influenciar com o teu evangelho e abençoar todas a famílias da Terra.

29 DE JUNHO

A oração persistente

Pra. Suely Bezerra

Então Jesus contou aos seus discípulos uma parábola, para mostrar-lhes que eles deviam orar sempre e nunca desanimar (Lc 18:1).

A perseverança é a qualidade daquele que persiste, que tem constância em suas ações e não desiste diante das dificuldades. Jesus trata da perseverança numa parábola em que ensina que devemos orar sempre e não desanimar (Lc 18:1-8). Uma viúva apresenta a um juiz iníquo uma justa causa contra um adversário, o qual não é revelado no texto. A viúva insistiu a tal ponto que o juiz egoísta acabou lhe concedendo o que pedia para não ser mais importunado. Ao concluir a história, Jesus ressalta que, se o juiz, sendo mau, atendeu o pedido da viúva, quanto mais Deus fará justiça ante o clamor de seus filhos. Jesus fala dos que clamam dia e noite, isto é, em momentos diferentes do dia. Embora a resposta pareça demorada, Jesus afirma que Deus "lhes fará justiça, e depressa" (v. 8). Temos de entender o tempo de Deus. Podemos estar cansados, desanimados e até desencorajados, mas, para que isso não aconteça, Jesus nos diz para sermos perseverantes. Em outra ocasião, Jesus declarou: "Se vocês, apesar de serem maus, sabem dar boas coisas aos seus filhos, quanto mais o Pai de vocês, que está nos céus, dará coisas boas aos que lhe pedirem!" (Mt 7:11) Por isso, não devemos ficar ansiosos, pois temos a garantia da resposta. Ore e persista até receber. Lembre-se que, enquanto você ora, há uma batalha sendo travada no mundo espiritual. Seja persistente, até que a batalha cesse. Considere o tempo de Deus, a resposta virá com a vitória que você espera.

oração

Pai, tu conheces minhas angústias e petições. Ajuda-me a perseverar em oração até que venha a tua resposta. Em nome de Jesus, amém.

1 DE JULHO

Andemos no conselho justo

PRA. SUELY BEZERRA

O engano está no coração dos que maquinam o mal, mas a alegria está entre os que promovem a paz (Pv 12:20).

Ao longo dos anos de vida cristã, aprendi que, para encontrar resposta no meio das lutas e dificuldades, o melhor é abrir o coração para aqueles que amamos e que reconhecidamente são homens e mulheres fiéis a Deus. Ser um amigo verdadeiro exige esforço e persistência, requer sair do padrão estabelecido e ceder a vez, os privilégios, o tempo e o espaço. Por experiência própria, pude perceber a importância dos amigos fiéis, que realmente se importam conosco. Porém, há um grande perigo em acatar o conselho daqueles que não levam Deus a sério. A Bíblia diz que "é feliz aquele que não segue o conselho dos ímpios" (Sl 1.1). Quando Moisés se expôs na presença de Deus, confessando sua dificuldade para se expressar verbalmente, Deus lhe disse que Arão falaria por ele, porém, diante de faraó, ele foi ousado e determinado, confiando totalmente no poder de Deus. Precisamos entender que, por sermos filhos da luz, devemos saber nos expressar com confiança diante daqueles que não conhecem o Senhor. Eles esperam que tenhamos respostas para suas dificuldades, por isso precisam reconhecer que dependemos do Senhor e pertencemos à família de Deus na terra. Talvez você esteja enfrentando suas próprias lutas, mas saiba que elas podem facilitar a compreensão do evangelho para alguém próximo de você.

oração

Querido Deus, louvo a ti pela amizade. Através da tua Palavra e do meu testemunho, posso levar esperança e encorajamento àqueles que ainda não te conhecem. Usa a minha vida. Em nome de Jesus, amém.

3   DE   JULHO

Identificados com a visão

PR. CARLOS BEZERRA

Espero no Senhor Jesus enviar-lhes Timóteo brevemente, para que eu também me sinta animado quando receber notícias de vocês. Não tenho ninguém que, como ele, tenha interesse sincero pelo bem-estar de vocês, pois todos buscam os seus próprios interesses e não os de Jesus Cristo (Fp 2:19-21).

Um problema frequente observado na liderança da igreja é a divergência de visão entre um dos líderes e o restante do grupo. Esse líder pode ter certos sonhos e metas que não se harmonizam com aquelas da igreja, e é absolutamente vital que todo membro se identifique com essa visão e trabalhe em harmonia com ela. Antes de escolher alguém para ser líder de um determinado ministério, o pastor precisa checar se essa pessoa está alinhada com a estrada trilhada pela igreja — se alguém está vindo de outro ministério, de outra realidade, o cuidado precisa ser ainda maior. Quando um membro da equipe trabalha para o cumprimento da visão da igreja local, em vez de colocar a própria visão como prioridade, a seu tempo o Senhor lhe dará espaço para desenvolver ainda mais seus dons e talentos. No entanto, é muito comum os membros da equipe procurarem favorecer a área em que atuam em detrimento das demais. Para casos assim, Timóteo serve como um bom exemplo a ser imitado; alguém que buscava em primeiro lugar os interesses de Cristo, e não os seus. Portanto, é necessário trabalhar para mostrar a visão da igreja a fim de que seus líderes sejam equilibrados e caminhem em plenitude de unidade. Esse é o caminho para a benção do Senhor.

oração

Deus, que tu sejas o nosso caminho e alvo todos os dias de nossas vidas, para que assim possamos te servir com integridade no contexto da igreja local, onde fomos soberanamente inseridos por ti.

5 DE JULHO

As tempestades da vida

PRA. SUELY BEZERRA

Respondeu ele: "Peguem-me e joguem-me ao mar, e ele se acalmará. Pois eu sei que é por minha causa que esta violenta tempestade caiu sobre vocês" (Jn 1:12).

Certo dia, o Senhor disse a Jonas que fosse à cidade de Nínive e falasse contra ela, pois sua maldade chegara aos ouvidos de Deus. Jonas se aprontou, mas foi na direção oposta. O profeta recebeu uma missão, porém a desobedeceu. Para fazê-lo repensar, Deus enviou uma tempestade que quase naufragou o navio em que estava. Há vários tipos de tempestade que podem nos afligir. Há aquela criada por nós mesmos, como a que sobreveio a Sansão por seu envolvimento com Dalila. Existe a tempestade criada por outras pessoas, como a que Paulo e Silas enfrentaram no cárcere. E há ainda a tempestade causada por Deus, como a que sobreveio a Jonas. A verdade é que ninguém gosta de tempestades. Nossa visão é pequena e limitada, mas se amamos a Deus, tudo o que nos acontece é para o nosso bem. O problema é que, quando as tempestades surgem, tentamos resolvê-las à nossa maneira. Jonas tentou se esconder de Deus, imaginando que a distância apagaria sua desobediência, e por isso precisou enfrentar a tempestade que serviu para endireitar seu caminho. Não conseguimos fugir da presença de Deus, pois "os olhos do Senhor estão em toda parte" (Pv 15:3). Além disso, a tempestade vem não para nos destruir, mas para nos salvar; Deus agiu a tempo de corrigir o caminho do profeta rebelde. Quando não estamos no caminho certo, o sofrimento se abate sobre todos ao nosso redor. Jogue fora tudo que não agrada a Deus e coloque-se no centro da vontade dele.

oração

Pai, livra-me de não ouvir a tua voz e desobedecer a tua vontade para minha vida. Ajuda-me a caminhar contigo, sempre. Amém.

7 DE JULHO

Dia de decisão

PRA. SUELY BEZERRA

Se, porém, não lhes agrada servir ao Senhor, escolham hoje a quem irão servir. Mas, eu e a minha família serviremos ao Senhor" (Js 24:15).

Sempre que me detenho nesse versículo, vejo a importância das decisões que tomamos e que valem por toda a vida. Por isso, antes de tomar qualquer decisão, é preciso prestar atenção e avaliar bem, pois uma escolha inadequada pode impactar toda a vida. Essa passagem da Escritura nos ensina sobre o livre-arbítrio. Josué tinha de tomar uma decisão que seria um divisor de águas em sua vida e de sua família. O povo precisava escolher entre servir a Deus ou aos deuses do mundo secular, e Josué deixa claro aos israelitas a decisão que tomaria. Ele foi radical. Qual Deus você vai servir? Você não precisa sofrer pelas más escolhas feitas no passado. Hoje você pode fazer a melhor escolha de sua vida. Se você declarar com sua boca que Jesus é Senhor e crer em seu coração que Deus o ressuscitou dos mortos, será salvo (Rm 10:9-10). Esse é um dia de salvação. Josué teve coragem, fé, determinação e creu que o melhor era servir ao Senhor. Por isso, ele e sua família foram abençoados, e sua decisão ficou registrada na história do povo de Israel. A sua nova história pode começar agora, através da decisão que você tomar hoje.

oração

Querido Jesus, quero ter um novo coração e aceitar-te como meu único e suficiente Salvador. Quero servir-te com todo meu coração e com toda minha alma. Em nome de Jesus, para a tua glória, amém.

9 DE JULHO

Poder sobre o pecado

Pr. Carlos Bezerra

Pois todos pecaram e estão destituídos da glória de Deus, sendo justificados gratuitamente por sua graça, por meio da redenção que há em Cristo Jesus (Rm 3:23-24).

O pecado é uma experiência de todo ser humano. É errar o alvo diante do propósito estabelecido por nosso Criador; um desvio moral do ser humano, que o leva a uma conduta ofensiva aos olhos de Deus. Mas há uma boa notícia. Jesus veio para buscar e salvar o que está perdido. Essas são as boas-novas que falam do poder de Deus para a salvação de todo aquele que crê. Esse evangelho nos oferece um novo coração e o Espírito Santo, que nos habilita a viver segundo a vontade de Deus. Assim, se o salário do pecado é a morte, ofereço hoje para você a vida eterna que há em Jesus Cristo e o poder para viver em santidade. É possível, sim, que os cristãos vençam o pecado. Jesus não morreu só para nos levar ao céu, mas para nos libertar do poder do pecado e da morte hoje. Isso é possível através da graça de Deus, a qual nos ajuda a alcançar o que é impossível para nós. Temos livre acesso à graça e ao poder de Deus por meio da sua Palavra, a ela devemos recorrer para nos fortalecer contra o pecado. Medite na verdade das Escrituras até que ela se torne uma realidade na sua vida. Arrependa-se, perdoe a si mesmo pelos erros do passado e peça a Deus que lhe mostre como ele vê seu futuro.

oração

Senhor Jesus, tua Palavra diz que somos pecadores e que estamos afastados de ti. No entanto, tu enviaste teu Filho, que, ao morrer em nosso lugar, perdoou nossos pecados, nos libertou e nos concedeu a possibilidade de um futuro brilhante ao teu lado: a vida eterna.

11 DE JULHO

Não fiquem aflitos

Pra. Suely Bezerra

Não se perturbe o coração de vocês. Creiam em Deus; creiam também em mim (Jo 14:1).

Jesus disse as palavras acima no momento final de seu ministério, quando passava as últimas instruções aos discípulos. Ele sabia que seria levado ao céu e que seus discípulos passariam por provas, lutas e perseguição e quis deixar-lhes uma mensagem de conforto. Assegurou que estaria presente onde quer que eles estivessem e que o Pai, atendendo a um pedindo seu, enviaria o Espírito consolador, que ficaria com eles para sempre (Jo 14:16). Somos convidados a não deixar que a angústia tome nosso coração. Em tempos difíceis, ter fé em Deus é uma conquista diária, que devemos buscar sem perder a esperança. Diante de lutas constantes, como abandono, traição, calúnias, doenças e difícil situação financeira, Jesus nos dirige as mesmas palavras de conforto que disse aos discípulos e não nos deixa sozinhos. O nosso Deus é um Deus presente, e precisamos crer que ele está conosco, dando-nos força e coragem para avançarmos rumo à meta. Sabemos que os dias são maus, mas caminhamos ouvindo dentro de nós o ecoar das palavras de Jesus: "não fiquem aflitos, não se desesperem, não se perturbem, não se angustiem. Creiam em Deus e creiam também em mim". Com Jesus, somos vencedores. Ele é a nossa única solução. Ele é o caminho que conduz à casa do Pai. Se clamarmos a ele com fé, confiança e perseverança, ele nos responderá coisas grandes e firmes que não sabemos. Portanto, creia, ele é o caminho, a verdade e a vida que nos conduz até Deus, nosso Pai.

oração

Jesus, como é bom saber que tu olhas por nós e que o teu Espírito nos consola e edifica. Louvado seja o teu nome. Amém.

13 DE JULHO

Uma fé sincera

Pra. Suely Bezerra

O objetivo desta instrução é o amor que procede de um coração puro, de uma boa consciência e de uma fé sincera (1Tm 1:5).

O apóstolo Paulo queria que Timóteo relembrasse os fundamentos da fé que havia recebido e fala da fé sem fingimento, da fé sincera. Sincero é aquele que é franco, leal, verdadeiro, que não oculta, que não usa disfarces, malícias ou dissimulações. Os romanos produziam vasos com uma cera especial. Essa cera era às vezes tão pura e perfeita que os vasos produzidos ficavam transparentes, permitindo que se visse o que havia em seu interior. As peças ficavam tão perfeitas que era como se não tivessem cera, ou seja, "sem cera", e foi daí que surgiu a palavra "sincera", que era usada para qualificar um vaso perfeito, raro, de grande valor. Essa palavra passou a ter um significado muito mais importante nos dias atuais. Um seguidor autêntico constrói-se sobre convicções pessoais. Jesus guia a vida de seus seguidores por caminhos nada previsíveis. Embora vivamos numa cultura de aparências, seguir Jesus é mais do que isso — implica em transformação do coração, da mente e da alma, que o evangelho propõe. A fé não pode ser colocada no coração do seguidor de Jesus, antes, é algo a ser experimentado. O que Deus pede a nós é uma fé sincera e sem fingimento. O cristão sincero assemelha-se a um vaso romano do mais puro refino artístico, que deixa ver através de suas palavras o que passa no coração.

oração

Senhor, que a minha vida de fé seja sincera. Não permita que minha fé seja coberta com a cera da falsidade. Em nome de Jesus, amém.

15 DE JULHO

O papel do Espírito Santo

Pr. Carlos Bezerra

Eu pedirei ao Pai, e ele lhes dará outro Conselheiro para estar com vocês para sempre, o Espírito da verdade. O mundo não pode recebê-lo, porque não o vê nem o conhece. Mas vocês o conhecem, pois ele vive com vocês e estará em vocês (Jo 14:16-17).

Se desejamos um poderoso avivamento, precisamos de uma experiência poderosa com o Espírito Santo. Mas para que o Espírito nos foi dado? Proponho aqui algumas respostas: para cumprirmos o projeto divino para o qual fomos chamados, levando pessoas ao arrependimento e ao conhecimento de Cristo e de sua graça. Para nos capacitar a viver a vida cristã diária, enfrentando crises e dificuldades. Para vivermos amando, servindo e cuidando das pessoas. Para formar discípulos de Cristo, convencendo-os do pecado, da justiça e do juízo (Jo 16:18). Em Efésios 5:18, Paulo nos dá um mandamento: "deixem-se encher pelo Espírito, falando entre si com salmos, hinos e cânticos espirituais, cantando e louvando de coração ao Senhor". Nessa passagem, a conjugação do verbo está no imperativo. É uma ordem. Precisamos estar sempre cheios do Espírito Santo para termos a mesma experiência do profeta Miqueias, o qual afirmava estar "cheio de força e de justiça" (Mq 3:8), ou de João Batista, "uma candeia que queimava e irradiava luz" (Jo 5:35).

oração

Pai, que sejamos tão cheios do teu Espírito para que a vida de Cristo se manifeste em nós com poder, autoridade, santidade e justiça. E que assim possamos fazer a diferença nesta geração tão carente e necessitada.

17 DE JULHO

Coragem, prossiga sem temor

Pra. Suely Bezerra

É ele que faz crescer o pasto para o gado, e as plantas que o homem cultiva, para da terra tirar o alimento: o vinho, que alegra o coração do homem; o azeite, que faz brilhar o rosto, e o pão que sustenta o seu vigor (Sl 104:14-15).

Esses versículos mostram que o Senhor é criador de todas as coisas. A vida proporciona momentos difíceis, em que experimentamos medo e incertezas. Quando as lutas parecem mais fortes, devemos nos lembrar que Deus, além de ser o Criador, também cuida de nós com amor. Há muitos textos na Bíblia que falam sobre o cuidado de Deus. "Não se vendem dois pardais por uma moedinha? Contudo, nenhum deles cai no chão sem o consentimento do Pai de vocês. Até os cabelos da cabeça de vocês estão todos contados. Portanto, não tenham medo; vocês valem mais do que muitos pardais!" (Mt 10:29-31). Deus faz e cria tudo para o seu propósito, por isso cuidará da nossa vida o tempo todo. "Neste mundo vocês terão aflições; contudo, tenham ânimo! Eu venci o mundo" (Jo 16:33). Deus sempre nos dá esperança, mesmo quando temos aflições. "Bem-aventurados os que choram, pois serão consolados" (Mt 5:4). Deus nos consola em meio à dor e não despreza nossas lágrimas. Lembro-me que, quando criança, eu tinha medo de escuro, mas me sentia confiante quando minha mãe estava perto. Assim acontece conosco e Deus. Muitas vezes sentimos medo do que pode nos acontecer, mas nosso Pai está conosco, sustentando-nos com suas mãos. Confie, prossiga com coragem. Lembre-se que a distância entre nós e ele é uma oração.

oração

Senhor, eu te agradeço por teu amor, cuidado e proteção diários. Tu estás sempre atento e pronto a me socorrer e por isso eu te louvo eternamente. Amém.

19 DE JULHO

Jesus é a resposta

PRA. SUELY BEZERRA

O deserto e a terra ressequida se regozijarão; o ermo exultará e florescerá como a tulipa (Is 35:1).

Pense em um deserto quente, seco, estéril, improdutivo. Nenhuma vida. Nenhum lugar convidativo. Um lugar para onde ninguém desejaria ir, e mesmo atravessá-lo seria difícil. O versículo em destaque descreve um cenário que pode ser comparado ao ideal de uma vida com Deus — um deserto, improdutivo e ermo, que ganha vida pela ação divina. A presença de Deus faz a terra florescer e irromper em canto e alegria. Feras perigosas são expulsas, e tudo reflete a glória do Senhor. Há um paralelo aqui para nós. Nossa separação de Deus nos torna incompletos. Como terra estéril, não somos o que Deus pretendia; e somos incapazes de melhorar nossa situação por conta própria. Não podemos restaurar o correto relacionamento com Deus. Mas, assim como ele transforma o deserto em terra produtiva, ele também pode mudar nossas vidas. Deus nos oferece um caminho de salvação, por meio de Jesus Cristo, que morreu por nossos pecados. Nós não poderíamos construir esse caminho. Jesus é o caminho. Só nele temos segurança. Ao caminharmos com outros redimidos, partilhamos alegria e canto. Por causa da ação de Deus, nossas vidas agora são transformadas, e temos alegria e a certeza da salvação.

oração

Ó Deus, graças te dou por me mostrares o teu caminho na vida de Jesus e por ele ter morrido em meu lugar para me dar a vida eterna. Que minha vida possa florescer como um jardim para a tua glória. Amém.

21 DE JULHO

Aliança gera unidade

Pr. Carlos Bezerra

E Jônatas fez um acordo de amizade com Davi, pois se tornara o seu melhor amigo. Jônatas tirou o manto que estava vestindo e o deu a Davi, com sua túnica, e até sua espada, seu arco e seu cinturão (1Sm 18:3-4).

Qual o modelo bíblico para vivermos em unidade? Em 1Samuel temos um exemplo clássico de aliança. Jônatas fez um acordo com Davi, pois o amava com sua própria alma. Para provar sua palavra, Jônatas deu a Davi sua capa (símbolo de riqueza e posse), sua espada (mostrando-se disposto a ir à guerra para defendê-lo) e seu cinto (proteção dos órgãos geradores de vida). É como se Jônatas estivesse dizendo: "Conte comigo, com as minhas riquezas, com a minha força; tudo que é meu passo a você. Seus inimigos serão meus inimigos. Morri para minha individualidade, e minha vida agora existe para lhe servir, independentemente de seu desempenho em nosso convívio." A palavra-chave aqui é aliança, um compromisso fundamentado na palavra empenhada, não em emoções ou sentimentos, pois eles são passíveis de mudança e variações com o passar do tempo. O que sustenta os relacionamentos é a importância consciente do valor da palavra que empenhamos. "Serei, farei, estarei..." são declarações que falam de caráter, não de sentimentos. Para mantermos nossa unidade, é importante revermos a aliança que temos uns com os outros, a fim de cumprirmos todos os propósitos para os quais nosso Pai nos constituiu e assim abençoarmos todas as famílias do mundo.

oração

Pai, que eu e meus irmãos possamos ser um e caminhar juntos nesta empreitada, unidos para tua glória e a de seu Filho Jesus. Que a benção do Todo-Poderoso esteja sobre você e sua família.

23 DE JULHO

Melhor alimento diário

PRA. SUELY BEZERRA

Então Jesus declarou: "Eu sou o pão da vida. Aquele que vem a mim nunca terá fome; aquele que crê em mim nunca terá sede" (Jo 6:35).

Qual tem sido seu melhor alimento diário? Os nutricionistas ensinam que uma pessoa é o que come. O alimento tanto pode curar como adoecer. O excesso de aditivos químicos no alimento faz mal, por isso é importante consumir produtos nutritivos e naturais. De modo semelhante, no nosso dia a dia, temos contato com a poluição espiritual. Preocupações, ganância, violência, excesso de ocupações e até os tumultos da vida diária podem impedir nossa visão do plano amoroso que Deus tem para nós. Certa manhã, imersa na intensa atividade de uma família grande, com telefonemas a dar, tarefas domésticas a concluir, mandar as crianças para a escola e decidir o que fazer para o almoço, comecei a fazer uma lista na esperança de que conseguiria fazer tudo se o fizesse rápido. Durante esse tempo me dei conta do quanto precisava do alimento espiritual de Deus. Eu precisava ter meu tempo a sós com o Senhor. Quando percebi isso, deixei tudo para depois e fui me dedicar à minha prioridade. Ter um tempo a sós com o Senhor é o melhor de nossa vida. Sempre me lembro das palavras que Jesus disse a Marta, sua irmã. "Maria escolheu a boa parte, e esta não lhe será tirada" (Lc 10:42). O tempo que passamos com Jesus é sempre muito bem empregado. Precisamos organizar nossa vida de modo a aprender de Cristo, pois isso é o mais importante para nós a cada dia.

oração

Pai amoroso, ajuda-me a colocar-te em primeiro lugar na minha vida todos os dias, para que eu possa me alimentar de ti. Amém.

25 DE JULHO

Minha casa é morada de paz

PRA. SUELY BEZERRA

O meu povo viverá em locais pacíficos, em casas seguras, em tranquilos lugares de descanso (Is 32:18).

26 DE JULHO

A verdadeira tranquilidade vem de saber que Deus nos ama e está no controle de todas as coisas, mesmo quando tudo ao redor parece turbulento. A pandemia do Covid-19 levou pânico, tristeza, isolamento, desemprego, fome, insegurança etc. a muitas pessoas. Nenhum evento na história recente nos afetou tão profundamente. Essa crise mundial destruiu nossos planos e nos isolou da família e dos amigos. Afetou como pensamos, como nos relacionamos e o que valorizamos. Muitos relacionamentos se tornaram insustentáveis. Trancados em casa, começamos a ver no outro os defeitos que até então não víamos. Marido e mulher digladiando-se por coisas banais, filhos desonrando pais, dívidas, cobranças dentro e fora de casa, e tudo virou um caos. Mas a Bíblia diz que o povo de Deus habitará em locais pacíficos. Lar é família, um lugar especial, preparado por Deus, onde há vida, acolhimento, aconchego. Como Deus abençoa seu lar? Com proteção. Os lares têm sido atacados com ateísmo, ideologias, mundanismo e individualismo. Satanás tem minado nossos lares com dardos venenosos para enfraquecer a família, porque com isso ele enfraquece a igreja e a sociedade. Mas Deus abençoa a morada do justo. Abençoa com provisão diária, porque as economias também têm sido atingidas, mas ele provê o alimento. Ele abençoa com salvação e com sua presença, pois, nas horas difíceis, tensas e incertas, ele está conosco. Isso é o que ele nos promete.

oração

Pai, diante de tantas situações adversas, sinto tua boa mão sobre meu lar. Tu tens me guardado e estás comigo o tempo todo. Muito obrigado por isso. Em nome de Jesus, amém.

27 DE JULHO

Caminhar em unidade

Pr. Carlos Bezerra

Duas pessoas caminharão juntas se não estiverem de acordo?
(Am 3:3)

Lendo o profeta Amós, deparei com a pergunta acima e gostaria que você refletisse sobre ela. Em Gênesis 11.1-9, temos o relato da edificação da famosa Torre de Babel. Até então o povo era um e falava o mesmo idioma. Essa unidade — mesmo com propósito errado — era capaz de edificar, construir e cumprir com seus planos e projetos. O propósito era errado, a cidade e a Torre tinham a intenção de servir de seguridade defensiva, de domínio político, de glória pessoal. Por isso, esse plano foi considerado indesejável por Deus, pois revelava um ato de autossuficiência e de rebelião que ia de encontro ao propósito do Criador, expresso em Gênesis 1:26: frutificai-vos, multiplicai-vos, enchei a Terra e a abençoai. Para os arquitetos de Babel, não havia a intenção de abençoar, mas de mostrar fama e grandeza. Havia sim unidade entre eles, mas a serviço da rebelião e da desobediência. O resultado? "O Senhor os dispersou dali por toda a terra" (Gn 11:8). Portanto, quero desafiar você a buscar a unidade em Cristo para cooperar na edificação do Reino de Deus. Seja onde você estiver e com quem estiver: no seu casamento, com sua família, na igreja local... Tudo será possível quando for feito com o objetivo correto em mente: a glória de Deus.

oração

Pai, que haja em nós o mesmo sentimento que havia em Jesus, que orou em nosso favor desejando que fôssemos um, assim como é a relação entre ti e teu Filho (Jo 17:20-21). Que haja em nós também o mesmo sentimento da igreja primitiva, cujos membros "mantinham-se unidos e tinham tudo em comum" (At 2:44). Assim, a benção do Senhor estará sobre nós e nossos ministérios.

29 DE JULHO

Nossa conduta diante das provações

PRA. SUELY BEZERRA

E Jacó disse a Faraó: Os dias dos anos das minhas peregrinações são cento e trinta anos; poucos e maus foram os dias dos anos da minha vida (Gn 47:9, ARC).

A vida de Jacó foi difícil e cheia de provações e, assim como foi para ele, para nós também não é fácil, especialmente nos dias atuais. Passamos por situações que nos machucam e muitas vezes saímos marcados. No entanto, o sofrimento produz em nós o sentimento que houve em Cristo Jesus e é uma oportunidade de nos tornar mais semelhantes a ele. Podemos ter alegria nas provações porque a prova da nossa fé produz perseverança. "E a perseverança deve ter ação completa, a fim de que vocês sejam maduros e íntegros, sem que falte a vocês coisa alguma" (Tg 1:34). Queremos que tudo aconteça rapidamente, mas Deus tem sua hora exata, e em seus caminhos não há atalhos. À medida que aceitamos a vontade de Deus e nos submetemos a ele, a santidade dele torna-se nossa. O Espírito Santo começa a nos transformar em homens e mulheres mais amáveis, sensíveis e fortes, e ao mesmo tempo mais seguros. No momento da luta e da dificuldade, não vemos nada, e parece que não vamos suportar, mas depois o resultado é um peso de glória excelente. Ruth Graham, esposa do grande evangelista Billy Graham, escreveu: "Que Deus nos dê a graça de suportar o calor da chama purificadora sem amarguras, mas compartilhando o nosso sofrimento e permanecendo amáveis em Jesus".

oração

Amado Pai, dá-me força no dia da luta, formando o caráter de seu Filho em mim, para que eu possa prosseguir na peregrinação desta terra sem amarguras, no poder do Senhor Jesus. Amém.

31 DE JULHO

Os extremos são perigosos

PRA. SUELY BEZERRA

Não seja excessivamente justo nem demasiadamente sábio; por que destruir-se a si mesmo? (Ec 7:16).

Todo extremismo é perigoso. Nossa forma de viver deve encontrar-se em equilíbrio com tudo que fazemos, sentimos e experimentamos no dia a dia. O versículo acima deixa claro: não seja extremista e exagerado. Teremos prejuízo em tudo que levarmos aos extremos — no mundo, na sociedade, na política, na religião ou em qualquer aspecto da nossa vida pessoal. A Bíblia ensina que a temperança é fruto do Espírito (Gl 5:22-23) e diz também que "como a cidade com seus muros derrubados, assim é quem não sabe dominar-se" (Pv 25:28). Domínio próprio significa autocontrole; é o poder de dizer não aos impulsos que não são bons. Em um mundo de extremos, a Bíblia aponta-nos a importância de uma vida controlada pelo Espírito Santo. O domínio próprio nos ajuda a ter sabedoria no falar, a ter controle sobre os impulsos sexuais e a vencer muitos outros males. A ira, por exemplo, é um sentimento horrível, mas o domínio próprio nos impede de pecar e nos leva à reconciliação. Por outro lado, a falta de domínio próprio nos leva aos extremos e pode conduzir nossa vida à ruína. Precisamos entender que Deus tem conhecimento de nossas ações e pensamentos. Controlar nossos impulsos é algo que não conseguimos por nós mesmos, e por isso devemos buscar o Senhor diariamente, mantendo comunhão com ele por meio da oração e da leitura da Palavra. Só assim teremos temperança e seremos vitoriosos.

oração

Senhor, mais do que nunca quero que me enchas do teu Espírito, para que eu tenha domínio próprio e jamais chegue a extremos. Ajuda-me dando-me sabedoria e entendimento em tudo que eu falar e fizer. Em nome de Jesus, amém.

2 DE AGOSTO

Na unidade a oração é respondida

Pr. Carlos Bezerra

Também lhes digo que se dois de vocês concordarem na terra em qualquer assunto sobre o qual pedirem, isso lhes será feito por meu Pai que está nos céus (Mt 18:19).

Se desejamos que nossas orações sejam respondidas, precisamos de unidade. Só assim obteremos as respostas de que necessitamos; assim nos disse o próprio Jesus no Evangelho de Mateus. Analisando essa passagem no grego, vemos que o verbo traduzido como concordar é *sinfonel*. Daí vem a palavra sinfonia, por exemplo. Em uma orquestra, muitos instrumentos diferentes "concordam" entre si ao tocarem juntos. Concordar é tocar no mesmo tom, no mesmo andamento, é tocar a mesma música. Uma equipe precisa estar na mesma sintonia para ver suas orações respondidas. No livro de Atos, lemos que quando os discípulos estavam reunidos, o Espírito Santo moveu-se sobre eles no dia de Pentecostes (At 2:1-2). Isso aconteceu pois a Bíblia nos diz que eles "perseveravam unanimemente em oração" (At 1:14, ARC). O adjetivo unânime significa ter a mesma paixão, a mesma visão. Era como se os discípulos estivessem cantando em uníssono, numa intensidade tal que o Espírito foi derramado e eles começaram a falar em outras línguas, a profetizar às nações, e foram capacitados a continuar vivendo de acordo com o projeto maravilhoso de Deus para nós: viver em unidade até a volta de seu Filho.

oração

Que possamos viver a bênção da unidade enquanto lemos esses estudos. Oro para que você guarde essas palavras em seu coração e as aplique à sua vida conforme formos estudando juntos a Palavra de Deus. Creio que assim o Senhor — para glória dele — nos dará graça em tudo o que fizermos. Que a bênção do Senhor permaneça sobre você.

4 DE AGOSTO

Perdoar para ser perdoado

Pra. Suely Bezerra

Perdoem como o Senhor lhes perdoou (Cl 3:13).

Perdoar é um dos atos básicos da fé cristã, uma vez que nossa entrada na vida que Jesus nos ofereceu só foi possível porque recebemos o perdão de nosso Pai. Ele nos perdoou mediante a obra de seu Filho na cruz. Amor e perdão sempre caminham juntos. "Deus é amor" é a mais formosa definição que a Bíblia apresenta, e a maior prova de seu amor para conosco foi perdoar nossos pecados. Perdoar é um atributo de Deus e um mandamento bíblico. Não se trata de um sentimento dependente de nossa vontade ou emoção. Separações, traições, calúnias, mentiras, abuso e abandono são algumas das experiências desagradáveis pelas quais passamos no decorrer da vida. A maioria dessas dores surge de relacionamentos quebrados com as pessoas mais próximas. É aí que o perdão deve entrar em ação. A palavra perdão no grego, *afieme*, significa a soltura voluntária de uma pessoa sobre a qual alguém tem controle legal ou real. Consiste no processo mental e espiritual de interromper o sentimento de ressentimento contra outra pessoa. Para nos poupar da morte que o pecado traria, Jesus teve de morrer em nosso lugar. Somente à medida que compreendemos quanto Deus nos perdoou e quanto seu perdão custou é que podemos perdoar quem pecou contra nós. O perdão flui de um coração satisfeito com a misericórdia de Deus e que se alegra com o cancelamento da própria dívida. O perdão é a firme decisão de absolver da condenação e é uma maneira prática de expressarmos o amor do Pai uns para com os outros.

oração

Bondoso Deus, eu te agradeço pelo perdão que me deste em Cristo e peço que me ajudes a perdoar os que algum dia me magoaram. Em nome de Jesus, amém.

6 DE AGOSTO

Proteção e provisão no deserto

Pra. Suely Bezerra

Não tiveram sede quando ele os conduziu através dos desertos; ele fez água fluir da rocha para eles; fendeu a rocha, e a água jorrou (Is 48:21).

Quando ouvimos falar em deserto, a imagem que nos vem à mente é a de um lugar seco, empoeirado, perigoso e com pouca água, hostil à vida. A vida no deserto é difícil, poucas pessoas o escolhem, mas algumas vezes não há como evitar. No contexto bíblico, a palavra deserto pode trazer vários significados, mas lembramos do termo sempre que o assunto diz respeito a alguma provação. Os filhos de Israel que comeram o maná no deserto por quarenta anos, período em que nada lhes faltou, suas roupas não envelheceram e os pés não incharam (Dt 8:4), foram protegidos pelo Senhor. Hoje, a maioria de nós não vive literalmente em lugares desérticos, mas é comum passarmos por desertos. Algumas vezes, como ato de obediência. Outras vezes, apenas nos encontramos lá, sem que tenhamos feito uma escolha consciente, como quando alguém nos abandona ou uma doença invade nosso corpo. Vemo-nos num deserto, onde os recursos são escassos e se torna difícil viver. Porém, o objetivo de passar por um deserto, literalmente ou não, é nos lembrar de que dependemos da provisão de Deus e que ele nos sustenta. Mesmo quando passamos por desertos, Deus, por sua graça, nos proporciona um oásis da sua provisão.

oração

Pai, tu não me desamparas. Mesmo quando passo pelo deserto, nunca estou só. Sustenta-me como fizeste com o povo de Israel no caminho do deserto. Em nome de Jesus, amém.

8 DE AGOSTO

A evidência do Espírito Santo

Pr. Carlos Bezerra

Mas receberão poder quando o Espírito Santo descer sobre vocês, e serão minhas testemunhas em Jerusalém, em toda a Judeia e Samaria, e até os confins da terra (At 1:8).

Não existe avivamento sem o Espírito Santo e sem o poder que advém dele. Essa promessa de Jesus em Atos 1:8 se cumpriu no Pentecostes, quando o Espírito foi derramado no coração dos discípulos. Para muitos, a prova de que alguém foi batizado com o Espírito é o falar em línguas, profetizar etc. Mas será que é só isso? Só barulho? Atos 2 mostra-nos que não: a transformação na vida dos apóstolos foi evidenciada após o cessar do alarido. Em um culto, não é raro ver um clima de comoção; todos gritando "Aleluia", alguns pulando, outros caindo. Mas e depois? Passado o "vento e o fogo", vemos se houve ou não uma experiência com Deus, se algo genuíno aconteceu. A primeira grande evidência de que alguém foi cheio do Espírito é que essa pessoa é transformada numa nova criatura, capaz de dar testemunho de Jesus. Foi o que aconteceu com Pedro. Seu testemunho após o Pentecostes já não era fraco, como havia sido quando ele negou conhecer Jesus. Pedro agora se levanta diante de autoridades e de gente de todas as nações para dizer que Jesus foi crucificado, mas ressuscitou e que um dia voltará para buscar sua igreja. O Espírito ainda faz o mesmo conosco e transforma crentes inseguros em cristãos que exaltam o nome do Senhor Jesus não apenas com palavras, mas também com ações e com sua vida como um todo.

oração

Pai, obrigado, pois o teu Espírito hoje habita em nós. Santifica-nos a fim de que possamos testemunhar poderosamente acerca de teu santo Filho, Jesus. Que Deus te abençoe e te renove dia após dia.

10 DE AGOSTO

Seduzidos pelo engano

Pra. Suely Bezerra

Mas Deus disse: "Não comam do fruto da árvore que está no meio do jardim, nem toquem nele; do contrário vocês morrerão". Disse a serpente à mulher: "Certamente não morrerão!" (Gn 3:3-4)

O objetivo de Satanás é afastar-nos de Deus. Ele veio para "furtar, matar e destruir" (Jo 10:10). Esse projeto satânico persiste até hoje para destruir nossa vida física, emocional e espiritual. Para cada um de nós, ele tem uma estratégia específica. Eva foi enganada no Éden por dar ouvido à voz da serpente e, em seguida, Adão se deixou levar. Como Eva foi tão ingênua em acreditar na serpente? Ela sabia o que Deus tinha dito, mas não compreendeu quem ele era. Isso acontece conosco hoje. Conhecemos a Palavra e seus princípios, mas não estamos fundamentados neles. Ouvimos mentiras do Inimigo o tempo todo — em filmes, livros, ideologias e até dentro da igreja ouvimos profecias dizendo que Deus falou quando ele não falou. Precisamos conhecer bem nosso Pai. Conhecer seu caráter, suas promessas, e ouvir sua voz diariamente. As ovelhas conhecem a voz do pastor, diz a Bíblia. Qual voz você tem ouvido? Separe um tempo, fale com o Pai, abra seu coração diante dele. Não se importa se a oração for curta, pois ele não despreza o coração quebrantado e contrito. Nele, você encontrará força, sabedoria, alegria e paz. Se você ouvir a voz do Senhor, as palavras de vida e esperança o fortalecerão e você não será enganado pelas artimanhas de Satanás. Ouça a voz do bom Pastor.

oração

Pai, eu te agradeço pelo acesso que tenho a ti através de Jesus Cristo, o bom Pastor. Não serei enganado, pois estou firmado em tua Palavra. Em nome de Jesus, amém.

12 DE AGOSTO

Vencendo desafios

PRA. SUELY BEZERRA

Não fui eu que lhe ordenei? Seja forte e corajoso! Não se apavore, nem se desanime, pois o Senhor, o seu Deus, estará com você por onde você andar (Js 1:9).

Todos os dias temos muitos desafios a enfrentar. Alguns são fáceis de vencer, outros nem tanto. No texto em destaque vemos que Josué tinha um grande desafio diante de si. Moisés tinha morrido e agora Josué tinha a missão de conduzir dois milhões de israelitas para Canaã. Creio que ele tenha ficado ansioso, pois era uma nova situação em sua vida. Mas vejamos os segredos de Josué para vencer os desafios. *Primeiro*, ele buscou ouvir a voz de Deus, em vez de sair fazendo as coisas do seu jeito. Tentar encarar os desafios sem a direção de Deus leva-nos ao fracasso. *Segundo*, Josué não ficou preso ao passado, mas olhou para frente. Abraçar o passado leva à perda dos bens preciosos que Deus tem para dar. *Terceiro*, Josué deixou Deus estabelecer metas claras, como os limites da terra que deveria ser conquistada. *Quarto*, Josué entendeu o valor de ser forte e corajoso, pois sem isso não conquistaria nada. Além de tudo isso, Josué entendeu que precisava se dedicar à Palavra de Deus. Quando obedecemos à Palavra, somos vitoriosos. Quando oro, falo com Deus. Quando leio a Palavra, ela fala comigo. Lembre-se: para vencer os desafios, seja forte e corajoso. Não tenha medo, pois o Senhor teu Deus está com você onde quer que você esteja.

oração

Pai, como é bom saber que diante de tantos desafios posso contar contigo. Ajuda-me sempre a pedir tua direção. Fala comigo através da tua palavra. Em nome de Jesus, amém.

14 DE AGOSTO

O Espírito que nos fortalece e nos santifica

Pr. Carlos Bezerra

Oro para que, com as suas gloriosas riquezas, ele os fortaleça no íntimo do seu ser com poder, por meio do seu Espírito (Ef 3:16).

Vivemos tempos difíceis e só enfrentaremos os dias maus quando houver convicção em nosso interior de que, como filhos amados de Deus e restaurados por ele, podemos influenciar nossa sociedade. O avivamento virá quando entendermos nossa participação na história: homens e mulheres capazes de estabelecer o Reino de Deus e sua justiça em todas as dimensões de nossa sociedade. Mas isso só acontecerá se formos cheios do Espírito e fortalecidos por ele. Afinal, de acordo com o apóstolo Paulo, esse é um dos objetivos de o Espírito habitar em nós: fortalecer-nos. Deus nos aceita como somos, mesmo que fracos e vacilantes, não importa. Ele nos ama e quer nos encher com seu poder. A segurança de que Deus habita em nosso interior é o ponto mais alto da experiência cristã. Mas, além de nos fortalecer, a terceira Pessoa da Trindade também nos santifica (Rm 8:13-14). Não somos santificamos para sermos cheios do Espírito. A santidade é o efeito de sua presença em nós. Lembre-se: você é precioso para Deus. Encher-se do Espírito Santo, revestir-se dessa Pessoa poderosa fará com que você faça diferença nesta sociedade tão necessitada e carente. Uma sociedade que precisa que sejamos a luz do mundo e o sal da terra (Mt 5:13-16).

oração

Oro para que você viva as abundâncias desta vida, para que busque o Espírito Santo e o deseje mais do que qualquer bem ou riqueza que possa possuir. Que o Senhor lhe conceda graça sobre graça para viver a plenitude do testemunho de Cristo. Você é precioso para o coração do Pai celestial e igualmente precioso para o meu coração.

16 DE AGOSTO

A divina presença

PRA. SUELY BEZERRA

E eu estarei sempre com vocês, até o fim dos tempos (Mt 28:20).

Várias pessoas com quem converso me dizem que têm muita dificuldade em manter uma vida de oração. Muitas têm dificuldade de sentir a presença de Deus e de orar. Há momentos em que é mais difícil sentir Deus perto de nós e ter comunhão com ele. Às vezes nossa oração parece não ultrapassar os limites do ambiente em que estamos, e há dias em que parece que estamos falando não a Deus, mas ao vento. O que acontece quando parece que não há sintonia entre nós e nosso Pai? O que falta para que haja comunhão entre nós e Deus? O problema pode estar dentro de nós mesmos. Pode ser a nossa disposição íntima, pode ser alguma falta ou pecado não confessado que nos isole da comunhão com o Pai. A Bíblia afirma que o pecado afasta de Deus o homem (Is 59:2). O problema pode estar também na preocupação excessiva. O tumulto de ideias e emoções muitas vezes impede a paz, a tranquilidade e o ânimo sereno, necessários para nossa intimidade com o Pai. Busquemos sempre a Deus e façamos dessa busca diária um hábito salutar, de modo que, independentemente das circunstâncias e do lugar em que estejamos, seja fácil e natural a nossa comunhão com ele. Deus estará sempre à nossa espera e à nossa disposição. Se nos habituarmos a essa busca, então o difícil será deixar de buscá-lo.

oração

Pai querido, dá-me a disposição espontânea de buscar-te, de falar contigo diariamente, de modo que nunca seja difícil orar a ti. Em nome de Jesus, amém.

18 DE AGOSTO

A importância do outro

PRA. SUELY BEZERRA

É melhor ter companhia do que estar sozinho, porque maior é a recompensa do trabalho de duas pessoas. Se um cair, o amigo pode ajudá-lo a levantar-se. Mas pobre do homem que cai e não tem quem o ajude a levantar-se! (Ec 4:9-10)

Uma das coisas mais importantes na vida cristã é a comunhão entre os irmãos. Nosso relacionamento com Cristo determina nossos compromissos mútuos de amor e serviço. A vontade de Deus é que vivamos relacionamentos sadios numa família de fé. Deus nunca desejou que sua igreja se tornasse uma espécie de clube, em que as pessoas simplesmente se reúnem para uma atividade sem qualquer vínculo ou compromisso mútuo. Também não é da vontade de Deus que seus filhos andem isolados, cultivando uma espiritualidade sectária e individualista. Nosso Pai deseja que estejamos ligados ao corpo de Cristo, que é a igreja. Por isso, é importante saber pelas Escrituras como devemos agir nos relacionamentos com nossos irmãos, como filhos de Deus, libertos da maneira antiga de viver. Nossos padrões distorcidos agora são corrigidos por uma renovação da nossa mente (Rm 12:2). A Bíblia nos ajuda a substituir os valores deste mundo pelos de Deus, e esse aprendizado deve incluir a prática de novas atitudes, como renúncia, respeito, perdão, tolerância, comunhão, serviço, confissão de pecados e amor, muito amor. Ao contrário do que se possa imaginar, essa vida de relacionamentos cristãos é essencialmente útil, agradável e possível de ser vivida na força do Espírito Santo.

oração

Pai amoroso, quero viver em comunhão com meus irmãos e reconhecer a importância que cada um deles tem em minha vida. Ajuda-me a amá-los como tu me amas. Em nome de Jesus, amém.

20 DE AGOSTO

O Espírito Santo e a Grande Comissão

Pr. Carlos Bezerra

Eu lhes envio a promessa de meu Pai; mas fiquem na cidade até serem revestidos do poder do alto (Lc 24:49).

O Espírito Santo continua a realizar sua obra na vida dos discípulos de Jesus. Assim, precisamos dar lugar a ele em tudo o que fizermos para o Reino de Deus, inclusive quando proclamamos o evangelho. Quando o Senhor chamou seus discípulos a pregar a toda criatura, disse: "fiquem em Jerusalém até que do alto sejam revestidos de poder". Mas poder para quê? Ora, para o cumprimento da Grande Comissão, isto é, a missão de fazer discípulos. Portanto, ser cheio do Espírito é a minha e a sua obrigação, pois só ele pode produzir arrependimento, conversão, salvação, santidade, poder, graça e amor. Não buscar o Espírito diariamente é pecado contra aquele que ordenou que ficássemos em Jerusalém para sermos cheios de poder. Hoje, nossa "Jerusalém" é nossa casa, é onde você está; aí mesmo você pode se encher do Espírito, a fim de cumprir o propósito que o Pai tem para nós: abençoar as famílias da terra. Dessa forma, seremos parte de um avivamento capaz de tirar das mãos de Satanás a vida de milhares de pessoas que desconheçem a graça de Deus. Somente o Espírito pode nos impulsionar a trabalhar naquilo para o que Deus nos convocou.

oração

Pai, de ti vem os dons que possuímos para trabalhar em prol do seu Reino. Que as virtudes de teu Espírito se manifestem em nossas vidas, para que possamos alcançar e abençoar as nações com tua Palavra. Que a graça de Jesus fortaleça e renove você. É com gratidão e em nome de Jesus que faço esta oração.

22 DE AGOSTO

A prioridade maior

PR. CARLOS BEZERRA

Ame o Senhor, o seu Deus de todo o seu coração, de toda a sua alma, de todo o seu entendimento e de todas as suas forças (Mc 12:30).

Imagine quantas coisas podem ser alvo do nosso amor durante a vida. Temos família, profissão, amigos, pessoas que admiramos, e tudo isso é importante, mas nada deve tomar o lugar de Deus em nossa vida. A prioridade máxima da vida do cristão deve ser seu relacionamento com Deus. Biblicamente, isso significa ser cheio do Espírito Santo (Ef 5:18) e viver uma vida voltada para aquele que nos amou primeiro: Cristo. Jesus experimentou um relacionamento íntimo com o Pai durante sua vida terrena. Depois que fomos reconciliados com Deus e feitos justos por meio da salvação, nós nos tornamos novas criaturas (2Co 5:17), parecidas com o Pai, irmãs de Cristo e interessadas em imitá-lo em tudo que fazemos. Precisamos, portanto, nos relacionar com o Pai e andar em amor como Jesus andou. Guarde bem isto: a relação com Deus determina o sucesso de todos os outros relacionamentos, o que torna vital e urgente priorizá-la. Uma vez que sabemos que a relação com o Pai era a base da vida de Jesus, pergunte a si mesmo qual é a base de sua vida. Deus é o centro de tudo o que você pensa e faz? Seu relacionamento com o Pai se reflete em sua conduta e nas relações pessoais? Questões como essa devem nortear cada passo da nossa jornada.

oração

Pai bondoso, que nada concorra com meu amor por ti. Oro para que o teu Espírito Santo me ajude a priorizar a comunhão contigo. Em nome de Jesus, amém.

24 DE AGOSTO

O coração que agrada a Deus

PRA. SUELY BEZERRA

Sonda-me, ó Deus, e conhece o meu coração; prova-me, e conhece as minhas inquietações. Vê se em minha conduta algo que te ofende, e dirige-me pelo caminho eterno (Sl 139:23-24).

O Senhor colocou o salmo 139 no meu coração no início deste ano, e eu grifei na minha Bíblia os versículos em destaque. Esse salmo, que é um cântico, uma oração feita por Davi, é simplesmente maravilhoso em sua essência. Ele nos convida a permitir que o Senhor vasculhe nossa vida e, através do Espírito Santo, coloque-a na direção certa. Quando pedimos a ele que sonde nosso coração, damos o primeiro passo para o início de um quebrantamento em nossa vida e para o conhecimento profundo de nossas intenções. Ao provar e conhecer nossos pensamentos, o Espírito Santos orienta-nos a buscar um culto racional ao Senhor. Ao detectar um caminho mau, a correção é que sejamos guiados para o caminho bom e eterno. Devemos fazer esse pedido diariamente, para que nosso coração seja purificado e nossa mente capacitada. Esse anseio constante nos habilita a fazer a vontade de Deus, que é boa, perfeita e agradável. Assim como fez Davi nesse salmo, que nos coloquemos inteiramente nas mãos do Senhor todos os dias, para que ele nos sonde e conheça nosso coração.

oração

Pai querido, quero ter um coração que te agrade e por isso peço-te que tragas à luz tudo aquilo que está oculto. Limpa minha vida, purifica meu coração e ajuda-me a andar pelo teu caminho, que é reto e santo. Em nome de Jesus, para tua glória, amém.

26 DE AGOSTO

Profetizando para unidade

Pr. Carlos Bezerra

Profetize a estes ossos e diga-lhes: Ossos secos, ouçam a palavra do Senhor! (Ez 37:3-4)

No livro do profeta Ezequiel, encontramos uma visão fantástica: o vale de ossos secos (Ez 37:1-14). Aconselho você a lê-la. No princípio, o povo de Deus aparece como ossos espalhados, os quais são restaurados em duas fases. Na primeira, os ossos são ajustados em suas respectivas juntas. Depois, são cobertos por ligamentos, por músculos, ganham carne e pele, mas ainda não têm fôlego. Na segunda fase, o espírito de vida entra nos corpos e eles se levantam para a realização do objetivo final de Deus: um poderoso exército para abençoar as nações. Podemos aplicar essa visão à restauração da igreja de Jesus e dos relacionamentos entre cristãos. Embora a iniciativa e o plano venham de Deus, ele usa Ezequiel como instrumento, e isso se aplica também à unidade da igreja e ao propósito soberano de Deus revelado nas Escrituras: Deus levantará homens qualificados por ele mesmo para efetuar sua vontade. Na visão, Ezequiel primeiro profetizou aos ossos. Podemos dizer que isso representa o anúncio das verdades do evangelho de Jesus. Depois, ele profetizou ao fôlego, ou ao espírito de vida, em favor dos corpos, então o espírito entra nesses corpos e produz a vida necessária para abençoar toda a terra. Isso representa o propósito eterno de Deus em relação a mim e a você, como igreja que somos do Senhor Jesus.

oração

Busquemos a unidade, profetizemos sobre os ossos secos, e o vale, repleto de corpos putrefeitos, pelo milagre do Senhor, dará lugar a um poderoso corpo de serviço a serviço do corpo de Cristo. Tenha a benção do Todo-Poderoso e não esqueça, eu amo você.

28 DE AGOSTO

Deixe seu medo morrer de fome

Pra. Suely Bezerra

Então Calebe fez o povo calar-se perante Moisés e disse: "Subamos e tomemos posse da terra. É certo que venceremos! (Nm 13:30).

Nossas dúvidas podem nos levar à derrota. Depois de libertar o povo de Israel do Egito, Moisés enviou um grupo de doze espias à Canaã com a tarefa de observar a Terra Prometida e fazer um relatório. Dez deles retornaram dizendo que gigantes poderosos habitavam aquela terra e que seria impossível derrotá-los. Apenas Calebe e Josué, homens de fé e visão, manifestaram a convicção de conquistá-la. O povo de Israel acabou acolhendo o relatório dos dez espias e recebeu exatamente o que eles disseram. Com exceção de Josué e Calebe, toda aquela geração de israelitas não teve acesso à Terra Prometida. O povo peregrinou no deserto até que todos morressem. Seu exemplo é o da fé invertida. Afinal de contas, mesmo quando duvidamos estamos crendo em alguma coisa — no caso, os israelitas creram na derrota. Tudo o que você diz é reflexo de sua fé. Observe o bom relatório de Josué e Calebe. Eles confiavam no Senhor, e o coração deles estava cheio de fé nas promessas de Deus, por isso eles foram vitoriosos. Não são as dificuldades da vida que nos derrotam, mas sim os pensamentos e as palavras erradas, que nos impedem de ter uma visão ampliada e uma fé inabalável. Devemos abandonar as atitudes que alimentam nossos medos e começar a desenvolver nossa fé, alicerçando-a cada vez mais firmemente em Cristo. Nossa fé não depende das circunstâncias. Procure encher-se do amor de Deus, pois é isso que lança fora todo medo (1Jo 4:18).

oração

Senhor, eu decido crer em teu amor e em tuas promessas. Peço que aumentes minha fé. Em nome do Senhor Jesus Cristo, amém.

30 DE AGOSTO

O chamado ao arrependimento

Pra. Suely Bezerra

Arrependam-se, pois, e voltem-se para Deus, para que os seus pecados sejam cancelados, para que venham tempos de descanso da parte do Senhor (At 3:19-20).

Durante a pandemia, vi muitos grupos de oração se levantarem em favor da pátria brasileira — por suas misérias, pelo Covid, por tantas mortes e pelo desespero vivido pelo povo. Arrependimento é uma das palavras menos utilizadas na igreja cristã atual. Num mundo que não tolera a menção do pecado e em igrejas nas quais o pecado é definido somente em termos sociológicos, inevitavelmente o ensino bíblico sobre o arrependimento tem sido ignorado. Saber o que é arrependimento e se arrepender são virtudes essenciais ao verdadeiro cristianismo. Segundo o dicionário, arrependimento é definido como pesar ou lamentação, e talvez por isso muitas vezes seja confundido com remorso, já que parece que sua raiz está fincada na culpa. Nada mais longe da verdade. Arrependimento é uma mudança de atitude; a pessoa que se arrepende muda de paradigmas e decide viver de forma diferente. Deus nos ajuda a chegar ao verdadeiro arrependimento, não através da acusação — atitude totalmente contrária à sua natureza de amor —, mas através de sua graça, manifesta na morte e ressurreição de Jesus. Por isso, diferentemente do remorso, a raiz do arrependimento não está na culpa, mas na misericórdia, no fato de sermos constrangidos pelo amor de Cristo (2Co 5:14). Precisamos perseverar na prática bíblica e genuína do arrependimento, porque isso nos fará colher doces frutos para a honra e glória do Senhor.

oração

Deus soberano, eu me arrependo hoje dos meus pecados e me submeto à tua vontade para sempre. Em nome de Jesus, amém.

1 DE SETEMBRO

Você está cheio do Espírito Santo?

Pr. Carlos Bezerra

Não se embriaguem com vinho, que leva à libertinagem, mas deixem-se encher pelo Espírito (Ef 5:18).

"Você está cheio do Espírito?". Essa é a pergunta que ouço a cada dia da parte do Senhor. Ser cheio do Espírito não significa ter grandes ideias, ser um grande pregador e ter grandes dons. Tudo isso é importante, mas não significa que temos a plenitude do Espírito. Antes, o que podemos esperar de uma pessoa cheia do Espírito é amor, santidade, zelo pela evangelização, poder para abençoar as pessoas e servi-las. Esses são os desafios de um discípulo de Jesus. O homem espiritual está sempre à disposição para que Deus opere por meio dele. Depois que o Espírito Santo forma Cristo em nós, ele então quer nos usar como a base de operações de sua força. Ele procura homens que lancem aos seus pés toda a sua vida e digam: "Senhor, eis-me aqui. Estou a seu inteiro dispor", da mesma forma como disse Isaías quando foi chamado (6:8). O ministério de Pedro começou quando ele disse ao Senhor "tu sabes que eu te amo" e ouviu em reposta "cuide das minhas ovelhas" (Jo 21:15-19). Liderados por Pedro, os cristãos primitivos viraram o mundo de cabeça para baixo: conversões, curas, mortos ressuscitados, prisões abertas. As bases do inferno foram abaladas. Eles também abençoaram as cidades por onde passaram e assim o evangelho de Jesus chegou até nós dois milênios depois.

oração

Que o Senhor nos ajude e nos capacite a experimentarmos a plenitude do Espírito Santo, para que a vida de Jesus seja reproduzida em nós e assim expressemos o mesmo ministério de Cristo, cheios do Espírito, cheios de amor, de santidade, de dons e da graça de Deus. Você é precioso para meu coração.

3 DE SETEMBRO

Orar faz bem

Pra. Suely Bezerra

Orem continuamente (1Ts 5:17).

Uma das coisas que mais me causa impacto é observar a vida de oração de Jesus, o tempo que ele dedicava a ter comunhão com o Pai. Mas será que ainda faz sentido hoje em dia ter uma vida de oração? Com todo o avanço da ciência, do conhecimento, da tecnologia, dos recursos à nossa disposição, qual o sentido de orar continuamente? Orar é o maior privilégio do ser humano, pois nos coloca em contato direto com nosso Deus, o Todo-Poderoso, criador dos céus e da terra. Quem ora desfruta da presença e do poder desse Deus amoroso. Quando oramos com constância e persistência, nosso crescimento espiritual é visível. A oração é um meio de obter recursos em tempos de necessidades. Ela nos livra de toda ansiedade e possui valor inestimável na conversão dos outros e no crescimento do Reino. A oração remove a heresia, corrige os mal-entendidos, desfaz animosidades, elimina imoralidades e, sobretudo, manifesta a graça vivificadora de Deus. A causa da pobreza espiritual e da falta do poder do cristão está na sua negligência em orar. Por isso, seja insistente e incansável na oração. A oração em nome de Jesus Cristo é o caminho que ele mesmo indicou para alcançarmos a vitória. O tempo gasto na oração nunca é perdido, mas sim investido em grandes lucros espirituais. Uma noite de oração nos poupa de muitas noites de insônia. Todos os homens de Deus foram homens de oração, e o próprio Jesus orava o tempo todo. Por isso, ore sem cessar.

oração

Deus eterno, ensina-me a orar com fé em todo o tempo. Que a perseverança na oração seja uma marca em minha vida. Em nome de Jesus, amém.

5 DE SETEMBRO

Quem pode me socorrer?

PRA. SUELY BEZERRA

Levanto os meus olhos para os montes e pergunto: De onde me vem o socorro? O meu socorro vem do Senhor, que fez os céus e a terra (Sl 121:1-2).

"Em dias de tanta aflição, quem pode me socorrer?" Essa é a pergunta do ser humano nos dias atuais. Angustiado, aflito, derrotado, enfermo, desiludido, ele continua procurando um socorro que nunca vem. Em uma época de fome e seca, Deus prometeu ao profeta Elias água para beber do riacho de Querite (1Re 17). Crendo inteiramente na promessa, o profeta logo se dirigiu para lá. Durante muitos dias tudo correu bem, mas depois o riacho secou. Elias tinha ido a Querite crendo que ali não faltaria água, mas não foi o que aconteceu. Se o riacho não houvesse cessado de correr, Elias teria confiado no riacho em vez de confiar em Deus. Mas Elias aprendeu em Querite que não era o riacho que o mantinha, mas sim o Deus que havia feito o riacho. Estamos vivendo dias em que precisamos aprender essa lição da providência divina. Temos colocado a nossa confiança nos recursos que temos, nos conceitos que criamos e no poder da ciência e do ser humano. Às vezes, nós nos esquecemos da fonte de todo poder. Precisamos escutar a voz do salmista. *De onde me vem o socorro? O meu socorro vem do Senhor, que fez os céus e a terra*. Se nenhum poder humano pode resolver seus problemas e você está desesperado e aflito, confie agora no amor que Deus tem por você e então entregue seu caminho ao Senhor. Confie nele, e o mais ele fará.

oração

Deus poderoso, tu és o meu socorro presente na angústia, e nada poderá roubar de mim tuas promessas. Oro em nome de Cristo Jesus, amém.

7 DE SETEMBRO

A ceia do Servo e de seus discípulos

Pr. Carlos Bezerra

Assim, levantou-se da mesa, tirou sua capa e colocou uma toalha em volta da cintura. Depois disso, derramou água numa bacia e começou a lavar os pés dos seus discípulos, enxugando-os com a toalha que estava em sua cintura (Jo 13:13-15).

É no contexto da ceia de despedida de Jesus que ele aborda o verdadeiro sentido da vida cristã, a qual deve ser marcada pelo serviço. Quando Jesus lava os pés de seus discípulos, demonstra toda a razão de sua missão. Na passagem acima, quero ressaltar três verbos que denotam a movimentação de Jesus para demonstrar a lição do serviço: levantar, tirar e enxugar. Levantou-se, pois ninguém pode servir acomodado. Tirou o manto, o manto da liderança, e despiu-se de preconceitos. E então enxugou com a toalha. Um rei deve usar uma coroa e um cetro, mas Jesus, o Rei dos reis, usou um jarro, uma bacia e uma toalha para demonstrar o serviço cristão. Precisamos estar dispostos ao serviço a fim de sermos um canal da graça de Deus ao nosso semelhante e para o louvor do Senhor a quem servimos. Com isso em mente, todos os obstáculos são vencidos, pois podemos todas as coisas naquele que nos fortalece (Fp 4:13). Nunca nos esqueçamos de que fomos criados para as boas obras (Ef 2:10), para que os homens vejam em nós as boas obras e glorifiquem o nosso Pai, que está nos céus (Mt 5:13). Essa é a nossa identidade, nosso projeto de vida e nosso destino.

oração

Que sigamos este projeto de Jesus servindo-nos mutuamente, cuidando não só de nossos irmãos na fé, mas também de todos os carentes e necessitados em momentos tão cruciais e difíceis que estamos vivendo. Continuemos o ministério Jesus até que ele volte e nos dê a coroa de nossa vitória.

9 DE SETEMBRO

Tempo de reconciliação

Pr. Carlos Bezerra

Tudo isso provém de Deus, que nos reconciliou consigo mesmo por meio de Cristo e nos deu o ministério da reconciliação (2Co 5:18).

Reconciliação é o restabelecimento das boas relações com quem se estava brigado. Vivemos um tempo em que impera o desrespeito, a discórdia, a separação, o fim dos relacionamentos. Mas temos a missão e o poder, dados pelo próprio Jesus, de fazer deste um tempo diferente. Reconciliar é restaurar a amizade ou harmonia. Quantos velhos amigos resolvem suas diferenças e restauram seu relacionamento? Isso é reconciliação. A mesma coisa acontece com casais que estavam separados, distantes um do outro, mas que resolvem se acertar. Reconciliação. Nosso pecado nos separou de Deus e nos fez seus inimigos. Mas, ao morrer na cruz, Cristo nos possibilitou fazer as pazes com o Pai. Nossa reconciliação com Deus, então, envolve o exercício de sua graça e o perdão dos nossos pecados. O resultado do sacrifício de Jesus é que o nosso relacionamento mudou de inimizade para amizade. Um cristão demonstra sua maturidade espiritual quando reconhece seu erro e tem disposição de pedir perdão. O caminho do arrependimento e do perdão é a única forma de construir pontes em vez de cavar abismos ou levantar muros. Quem ama busca reconciliação. O Deus que quer bem aos homens estava em Cristo reconciliando-os consigo mesmo. É tempo de paz na terra entre os homens, paz com Deus, paz consigo mesmo. É tempo de reconciliação.

oração

Senhor amado, que eu seja um pacificador e um instrumento de reconciliação entre as pessoas e até mesmo delas contigo. Em nome de Jesus, amém.

11 DE SETEMBRO

Uma promessa de paz

PRA. SUELY BEZERRA

Deixo-lhes a paz; a minha paz lhes dou (Jo 14:27).

Essas palavras foram proferidas por Jesus e são uma promessa de paz em meio a um mundo em guerra e uma humanidade dividida por ódios, contendas e inimizades. A promessa não vem de um estadista ou líder mundial incapaz de sustentar essa condição de vida. A palavra é de Jesus, aquele que é o próprio Príncipe da paz. Aquele que combateu a maldade, a injustiça, a violência, a perversão, a infidelidade, a hipocrisia, o egoísmo e o pecado — este que é em si mesmo a causa de todos os males, de todas as discórdias. A paz oferecida pelo Senhor não está alicerçada em alianças espúrias nem em regime de força ou poderio militar, mas está baseada nele mesmo, no seu evangelho redentor, no seu sacrifício e na sua morte na cruz. Essa paz está baseada na operação que ele mesmo realiza no coração mau do ser humano, transformando-o completamente. A paz de Cristo é, primeiro, paz com Deus, Jesus nos reconciliou com o Pai através do perdão conquistado na cruz do Calvário. Temos certeza de nossa aceitação diante de Deus pelo estabelecimento de uma nova relação com ele. Depois, a paz de Cristo é a paz gerada no coração de cada um, a paz do homem consigo mesmo, pela remoção de toda culpa e condenação decorrentes do pecado. E, por fim, a paz de Cristo é a paz com o outro. O sacrifício de Jesus derrubou todo muro de separação entre as pessoas e tornou possível a vida vitoriosa entre os seres humanos.

oração

Senhor Jesus, tu és o Príncipe da paz! Vem e habita meu coração para que eu viva bem com Deus, comigo mesmo e com o meu próximo. Amém.

13 DE SETEMBRO

A justiça do coração

PR. CARLOS BEZERRA

Pois eu lhes digo que se a justiça de vocês não for muito superior à dos fariseus e mestres da lei, de modo nenhum entrarão no Reino dos céus (Mt 5:20).

John Stott, respeitado teólogo inglês, disse: "a justiça do coração só é possível naqueles em quem o Espírito Santo operou regeneração e nos quais agora habita". É por isso, caro leitor, que a entrada no Reino de Deus é impossível sem que haja uma justiça maior que a dos fariseus, pois tal justiça evidencia o novo nascimento. A justiça do cristão é maior que a dos fariseus, pois provém do coração. Essa é a justiça que agrada a Deus, pois ela é interna, de mente e de motivação. A Bíblia nos dá várias promessas de uma nova justiça. "Porei a minha lei no íntimo deles e a escreverei nos seus corações" (Jr 31:33); "Porei o meu Espírito em vocês e os levarei a agirem segundo os meus decretos" (Ez 36:27). Esse é o grande milagre da graça de Deus: ela cria uma nova criatura, capaz de expressar justiça e santidade em toda sua maneira de viver. A justiça do Reino, portanto, é praticada em todas as dimensões da vida humana, pois fomos criados para as boas obras que Deus preparou para nós. Esse é o nosso grande desafio: ser parecidos com Jesus. Para nós isso é impossível, mas, por meio da morte e ressurreição de Jesus, podemos manifestar a justiça do Reino de Deus até o glorioso dia das bodas do Cordeiro, em que estaremos vestidos de linho finíssimo representando os atos de justiça dos santos (Ap 19:7).

oração

Senhor, aguardamos este maravilhoso dia, no qual, pela tua bondade, receberemos purificação, transformação e a graça de sermos uma nova criatura vivendo na tua companhia. Que tua boa mão permaneça sobre nós.

15 DE SETEMBRO

Compaixão com o necessitado

PRA. SUELY BEZERRA

Mas ele, querendo justificar-se, perguntou a Jesus: "E quem é o meu próximo?" (Lc 10:29).

A pior coisa que pode acontecer a um ser humano é ele se enclausurar dentro do seu próprio ego e viver alheio ao sofrimento do próximo, pensando apenas na própria satisfação. Esse é o tipo de pessoa que só olha para o outro para tirar proveito. Meu pai tinha um tio que morava no interior de São Paulo. Ele contraiu uma séria enfermidade cujo tratamento só podia ser feito no Hospital das Clínicas, na capital. Foi então que meus pais abriram a porta de casa para que ele pudesse se tratar. Era um tratamento longo, sem previsão de alta rápida, mesmo assim meus pais o acolheram, e também a sua esposa, em nossa casa. Ali, ele foi cuidado, ouviu falar de Jesus e foi amparado até o fim do seu tratamento, que durou três anos. Na parábola de Jesus sobre o bom samaritano, um sacerdote e um levita, que deveriam, por definição, ajudar os oprimidos, ignoraram a necessidade de um viajante que fora assaltado e abandonado semimorto na estrada para Jericó. Foi um samaritano discriminado que doou seu tempo e seus recursos para ajudar o ferido e lhe mostrar compaixão. Ao seguirmos pela vida, somos desafiados a atender as necessidades das pessoas, diante das quais podemos mostrar o amor de Cristo ou indiferença. Como temos tratado aqueles que Deus colocou em nosso caminho? Jesus nos incentiva a chegar mais perto das pessoas, conhecer seus problemas e orar por elas.

oração

Pai amoroso, ensina-me na prática diária de amar e de cuidar dos necessitados, daqueles que o Senhor tem colocado em meu caminho. Em nome de Jesus, amém.

17 DE SETEMBRO

A marca dos filhos de Deus

PRA. SUELY BEZERRA

Amados, amemo-nos uns aos outros, pois o amor procede de Deus. Aquele que ama é nascido de Deus e conhece a Deus. Quem não ama não conhece a Deus, porque Deus é amor (1Jo 4:7-8).

Toda família tem sua marca, algo que a diferencia das outras. A família de Deus também possui sua marca. Depois de termos sido transformados em filhos de Deus por meio do milagre da regeneração do novo nascimento, o nosso Pai deseja que, como membros de sua família, expressemos a sua natureza. Portanto, a manifestação inequívoca de que somos nascidos de Deus não é o fato de que fomos batizados ou fazemos parte de alguma congregação. A realidade da nossa natureza é a capacidade de amar. O projeto eterno de Deus é ter uma família com muitos filhos semelhantes a Jesus. Por isso, essa família não pode viver de qualquer jeito, segundo os princípios que vigoram neste mundo. O Senhor quer que sua glória, sua natureza e seu modo de ser sejam vistos pela sociedade através da maneira como nós, seus filhos, nos relacionamos uns com os outros. E a grande ênfase desse relacionamento deve ser o amor. Os mandamentos bíblicos que nos levam ao exercício dessa verdade nada mais são do que maneiras práticas de expressar o amor do Pai uns pelos outros (Ef 5:6). Portanto, apenas poderemos viver esse estilo de vida de amor se já tivermos experimentado o novo nascimento e formos guiados e controlados pelo Espírito Santo. Que nos amemos uns aos outros como ele nos amou. Esse é o grande distintivo dos filhos de Deus.

oração

Senhor Deus, que o amor seja a marca maior da minha vida, para tua glória. Em nome de Jesus, amém.

19 DE SETEMBRO

A justiça do Reino de Deus

Pr. Carlos Bezerra

Pois eu lhes digo que se a justiça de vocês não for muito superior à dos fariseus e mestres da lei, de modo nenhum entrarão no Reino dos céus (Mt 5:20).

Justiça pode ser definida assim: virtude que inclina a dar a cada um o que lhe pertence por direito, por razão ou equidade. Em Direito, justiça significa retidão de proceder nas relações com os outros. Mas há uma diferença entre a justiça dos homens e a de Deus. Esta tem base sólida, pois é firmada no caráter de Deus; portanto é perfeita e absolutamente correta. O teólogo W. T. Conner disse: "pela justiça ou integridade de Deus, entendemos seu caráter". O caráter de Deus é justo e nele não há sinal de maldade. Quando a Escritura declara que Deus é luz, significa pureza de caráter e completa ausência do mal. Essa é a natureza de Deus, plena de justiça e equidade. O que Deus faz é justo, pois seu caráter é justo. Porém, no que diz respeito ao relacionamento entre os homens, a injustiça é o que mais testemunhamos. E um dos propósitos de Deus para seu povo redimido é que, através desse povo, a justiça de Deus se manifeste em todas as esferas da sociedade. Foi assim com a igreja primitiva; o mundo de outrora testemunhou o estilo de vida dos cristãos, e muitos foram acrescentados ao Reino de Deus (At 2:42-47). Naturalmente, a conduta que refletiam era resultado da experiência de regeneração, pois, do contrário, não poderiam expressarem a justiça divina.

oração

Que possamos ser pessoas regeneradas e habitadas pelo Espírito. Que essa seja uma realidade na minha e na sua vida, para a glória de Deus, e que nossa justiça exceda, em muito, a dos escribas e fariseus. Lembre-se: você é precioso para mim.

21 DE SETEMBRO

Alimentação diária

PR. CARLOS BEZERRA

Então Jesus declarou: "Eu sou o pão da vida. Aquele que vem a mim nunca terá fome; aquele que crê em mim nunca terá sede" (Jo 6:35).

A experiência que os israelitas tiveram no deserto em relação à alimentação diária tem muito a nos ensinar. Eles receberam o maná durante os quarenta anos de sua peregrinação. Ao chegarem ao deserto de Sim, todo o povo murmurou contra Moisés e Arão. Sentiam fome, mas, em vez de orar ao Senhor, culparam os servos de Deus. Deus, porém, ouviu as queixas do povo e respondeu de uma maneira maravilhosa. O maná descia do céu em forma de chuva logo pela manhã. Assim que o orvalho sumia, o chão ficava coberto de pequenas granulações de sabor semelhante a farinha com mel (Êx 16:31). Deus os alimentou todos os dias até que atravessaram o Jordão e acamparam em Gilgal. O maná que sustentou o povo durante a viagem era um símbolo de Jesus, que é o pão do céu, conforme ele mesmo declarou. Jesus alimentou as multidões e até hoje continua alimentando os seus com o pão da vida todos os dias, e com muita abundância. Existem cristãos fracos, que caminham de derrota em derrota, sem poder testemunhar vitórias em sua vida. Na vida física, diríamos que essa fraqueza poderia ser atribuída a uma alimentação errada ou insuficiente. Na vida espiritual, dizemos o mesmo. Passamos pouco tempo nos alimentando do verdadeiro pão. A lição do povo de Israel é que devemos recolher a cada dia, logo cedo, o maná para nossa alma, para que ela se desenvolva bem e se torne forte.

oração

Pai querido, leva-me cada dia a experimentar as provisões abundantes do teu amor, da tua graça e da tua misericórdia. Em nome de Jesus, amém.

23 DE SETEMBRO

Remova o telhado

PRA. SUELY BEZERRA

Disse ao paralítico — "eu lhe digo: levante-se, pegue a sua maca e vá para casa". Imediatamente ele se levantou na frente deles, pegou a maca em que estivera deitado e foi para casa louvando a Deus (Lc 5:24-25).

O texto acima faz parte de uma bela história de milagre protagonizada por Jesus. Um paralítico estava sendo carregado por seus amigos em uma cama para ser apresentado a Jesus, que falava em uma casa completamente lotada pela multidão, que tinha ido ouvir seus ensinos e receber a libertação por seu grande poder. O paralítico foi levado para cima do telhado, onde seus amigos fizeram uma abertura pela qual o baixaram até Jesus, que perdoou seus pecados e o livrou da paralisia. Esse é um dos mais um dos notáveis exemplos de restauração completa que a Bíblia apresenta. Duas coisas se destacam na libertação deste homem: sua terrível necessidade de cura física e a presença do Senhor para curá-lo. O poder de curar de Deus está sempre presente quando alguém se acha enfermo ou aflito. Deus ama você e deseja curá-lo agora. Todavia, não há nada de mágico relacionado com a cura divina. Você é curado por fé. A despeito dos obstáculos e adversidades, a fé às vezes tem de remover telhados para alcançar a vitória. Confesse agora seus pecados, suplique a libertação e a cura, e certamente você viverá o momento da vitória. Remova o telhado da incredulidade e da dúvida, e liberte-se agora em nome de Jesus.

oração

Pai amado, ao remover as barreiras para minha libertação, eu recebo, pela fé em Jesus, o perdão dos pecados e a cura das enfermidades. Em nome de Jesus, amém.

25 DE SETEMBRO

Como andar na luz?

Pr. Carlos Bezerra

Portanto, se você estiver apresentando sua oferta diante do altar e ali se lembrar de que seu irmão tem algo contra você, deixe sua oferta ali, diante do altar, e vá primeiro reconciliar-se com seu irmão (Mt 5:23-24).

Como podemos andar na luz de acordo com a justiça do Reino? Nas relações interpessoais, cometemos erros contra nossos irmãos, erros que exigem reconciliação. É o que nos ensina Mateus 5:23-26. Essa oferta geralmente era um cordeiro oferecido para reconciliação com Deus. Mas aqui Jesus também trata da reconciliação com os irmãos. Andar com os irmãos é lidar com sua limitação, e é também servi-lo. Essa é a obra para a qual os filhos de Deus são convocados. Devemos agir assim pois, em Cristo, pudemos nos reconciliar em verdade, em justiça e em santidade (Ef 4:24). Esse novo homem — resultado da obra regeneradora de Deus — passa a fazer parte então de uma nova comunidade, formada por outras criaturas que provaram dessa mesma graça. As barreiras e inimizades foram desfeitas no corpo crucificado de Cristo, a fim de que o novo homem expresse a unidade verdadeira do corpo de Cristo. Na morte com Cristo, morremos para nós mesmos (Gl 2:20) e, em sua ressurreição, nascemos para uma nova vida (Rm 6:11). Isso não significa ausência de divergências e opiniões, mas, sim, a capacidade para tratarmos com dignidade e amor todos, mesmo os que nos perseguem.

oração

Pai, assim como tu nos amaste primeiro, ensina-nos a amarmos nossos irmãos (1Jo 4:11). Peço-te isso, Senhor, pois sei que, se assim procedermos, testemunharemos ao mundo acerca de teu Filho, aquele que é perfeito em amor e que nos reconciliou contigo.

27 DE SETEMBRO

Tudo é ilusão

Pra. Suely Bezerra

Agora que já se ouviu tudo, aqui está a conclusão: Tema a Deus e guarde os seus mandamentos, pois isso é o essencial para o homem (Ec 12:13).

O propósito da vida é aquele que você lhe dá. Muitos buscam dar sentido à vida por meio de seus relacionamentos, de seu trabalho ou do desenvolvimento de seus talentos, esperanças e desejos. Em Eclesiastes 2:4-9, nós vemos a descrição dos prazeres e riquezas da vida. O autor do livro fala sobre as obras magníficas que fez, os jardins que plantou, os reservatórios que possuía; o rei Salomão tinha servos e servas, grandes possessões de gados e ovelhas e muito dinheiro; tudo que seus olhos desejaram ele não se negou nem privou seu coração de qualquer alegria. Mas, ao olhar para tudo que havia conquistado, para todo o trabalho que tinha realizado, esse homem poderoso concluiu que tudo era vaidade e aflição de espírito e que nenhum proveito havia debaixo do sol. Nenhuma daquelas obras ou riquezas era capaz de livrá-lo da morte ou da injustiça. Mais adiante surge a luz em suas reflexões. Ele encontra satisfação somente quando Deus faz parte de sua vida. Salomão nos aconselha: tema a Deus e obedeça aos seus mandamentos. Assim, nós também devemos ter alegria e satisfação somente no Senhor. Só nele nós encontraremos o melhor propósito para nossas vidas.

oração

Pai querido, eu te agradeço porque, através da vida de Cristo em mim, alcanço teu propósito para minha vida. Em nome de Jesus, amém.

29 DE SETEMBRO

Compromisso paterno

Pra. Suely Bezerra

Pais, não irritem seus filhos; antes criem-nos segundo a instrução e o conselho do Senhor (Ef 6:4).

Alguns anos atrás, atendi uma jovem num aconselhamento pastoral. Sua grande dificuldade era a relação com qualquer pessoa que tivesse autoridade sobre ela. Recusava-se a ouvir os pais, professores e diretores. Fazia e exigia coisas apenas porque sabia que os ofenderia. Um dia, seu pai sentou-se com ela e perguntou-lhe se havia acontecido algo que a deixara aborrecida. Ele citou alguns versículos bíblicos para lhe mostrar os problemas do seu comportamento. Apesar disso, ela disse que não se importava e que queria que ele a deixasse em paz, para que pudesse descobrir as coisas por si mesma. Ele, porém, levava a sério sua função de pai e disse-lhe que a amava e que, como seu pai, tinha a responsabilidade de corrigi-la. A conversa com o pai deixou a jovem preocupada, e ela parou para refletir sobre suas atitudes. Não havia motivos para que ela estivesse com raiva. Além de não ganhar nada ao ofender as pessoas, ela só magoava a si mesma. Estava destruindo relacionamentos e tornando-se infeliz sem qualquer motivo. Logo ela se deu conta de que aqueles que a corrigiam na verdade se preocupavam com ela e queriam o melhor para sua vida. Deus age da mesma forma conosco. Eu disse àquela moça que Deus coloca em nossa vida pessoas como nossos pais para nos ajudar a perceber o caminho certo. Deus nos revela seu amor através das pessoas que cuidam de nós.

oração

Pai celestial, eu te agradeço pelas pessoas que tu colocas em minha vida para me orientar e me proteger. Em nome de Jesus, amém.

1 DE OUTUBRO

Espírito de unidade

PR. CARLOS BEZERRA

Irmãos, em nome de nosso Senhor Jesus Cristo suplico a todos vocês que concordem uns com os outros no que falam, para que não haja divisões entre vocês; antes, que todos estejam unidos num só pensamento e num só parecer (1Co 1:10).

Todo membro de uma equipe ministerial precisa ter consciência da sua responsabilidade em desenvolver o espírito de unidade. É o que Paulo defende em sua Primeira Carta aos Coríntios. Em 1:10, o apóstolo — de três formas distintas — apela que a unidade seja uma marca em seus leitores. Primeiro, ele pede aos coríntios que falem a mesma coisa. Depois, suplica que tenham a mesma disposição mental. E por fim, roga que tenham o mesmo parecer. Esse texto deve ser lido e relido para que possamos aplicá-lo à nossa vida. O resultado seria unidade, e não uma mera união de crentes. Há uma diferença entre união e unidade. A união é ter muitas batatas no mesmo saco, já dizia o meu amigo Juan Carlos Ortiz, já a unidade é quando as batatas são cozidas e amassadas, transformando-se num purê. A unidade tem um preço de fogo e de quebrantamento; não há unidade sem o fogo do Espíritê e a renúncia do ego. Só assim podemos falar a mesma coisa e ter o mesmo modo de pensar. O Senhor Jesus disse que um reino dividido não pode subsistir (Mt 12:25), assim, se a igreja deseja prevalecer sobre o Inimigo, precisa caminhar em unidade.

oração

Que jamais participemos de qualquer tipo de atitude que leve à divisão. Que a benção do Pai todo-amoroso e poderoso esteja sobre você e seu ministério. E não se esqueça: juntos somos mais fortes.

3 DE OUTUBRO

Cuidado com suas palavras

Pra. Suely Bezerra

Da mesma boca procedem bênção e maldição. Meus irmãos, não pode ser assim! (Tg 3:10).

Gosto de ouvir pessoas que falam bem, com a gramática correta. Quem não gosta? Por outro lado, às vezes, ouvir palavras erradas soam como agressão aos nossos ouvidos. Mas existe outro tipo de linguagem incorreta que faz um mal ainda maior. Isso acontece quando cristãos pronunciam palavras que não condizem com o padrão de Deus. Sempre que usamos palavras grosseiras, profanas ou imorais, estamos violando os padrões de Deus. Toda vez que pronunciamos o nome de Deus em vão ou dizemos algo que não lhe traz honra, nós o ofendemos. Se fazemos piadas imorais ou participamos de conversas profanas, estamos desonrando o nome de Cristo. Tiago afirma no versículo em destaque que isso não deve acontecer. Da nossa boca devem sair palavras de vida, palavras que edificam, que consolam e trazem paz. Precisamos vigiar as nossas palavras para a glória de Deus e por respeito à sua Palavra também. Não foi à toa que o salmista fez a Deus a seguinte súplica: "Coloca, Senhor, uma guarda à minha boca; vigia a porta de meus lábios" (Sl 141:3). Tudo o que ele queria era se manter em atitude de louvor a Deus. Toda vez que falamos, mostramos o que há em nosso interior, pois a Bíblia diz que "a boca fala do que está cheio o coração" (Mt 12:34). Por isso, cuidemos de nossas palavras.

oração

Pai amado, não permitas que da minha boca saiam palavras torpes, que te desagradam. Que tudo o que eu falar sirva para edificar, consolar e levar paz aos que estão ao meu redor. Em nome de Jesus, amém.

5 DE OUTUBRO

Deus dos vales

PRA. SUELY BEZERRA

Mesmo quando eu andar por um vale de trevas e morte, não temerei perigo algum, pois tu estás comigo; a tua vara e o teu cajado me protegem (Sl 23:4).

É impressionante o cuidado do supremo Pastor com suas ovelhas revelado no salmo 23. Ele revigora nossa alma e nos guia nas veredas da justiça. No entanto, mesmo sendo guiados por esses caminhos, há momentos em que a tensão se instala ao nosso redor. Deparamos com o que o texto chama de vale de trevas e morte. Deus pode sim nos guiar nos caminhos da justiça, mas passamos no meio dos vales mais sombrios e dos momentos mais atribulados dessa caminhada. Deus não está restrito a certos lugares. Ele não é somente o Deus dos montes, mas também é o Deus dos vales. Certa vez, Jesus esteve no monte da transfiguração, onde os discípulos viram sua glória. Ao descer, ele curou um jovem cujo pai aflito clamava: "Senhor, tem misericórdia do meu filho. Ele tem ataques e está sofrendo muito" (Mt 17:1-15). É fácil perceber a presença de Deus nos lugares altos, onde há saúde, paz, tranquilidade e tudo corre bem. Mas Deus é encontrado também nos lugares baixos, nos vales que gostaríamos de evitar. Travamos a batalha da vida não só nos montes, mas também nos vales. Os que creem em Deus sabem que ele está sempre presente em todos os lugares, para ajudar os que nele depositam sua confiança. Se você estiver passando por algum vale escuro e sombrio, lembre-se de que Deus está sempre ao seu lado.

oração

Senhor, eu te agradeço por permaneceres sempre ao meu lado, quer nos montes, quer nos vales. Tu és Senhor em todo o tempo. Em nome de Jesus, amém.

7 DE OUTUBRO

O Reino de Deus já está aqui!

PR. CARLOS BEZERRA

O Reino de Deus está em vocês (Lc 17:21).

Quando anunciamos as boas-novas, afirmamos que ninguém poderá entrar no Reino se não nascer de novo. Essa foi a experiência de Nicodemos com Jesus (Jo 3:3). Ao entrarmos no Reino, ganhamos a capacidade de praticar a justiça do Reino de Deus. Portanto, proclamar o evangelho é declarar que o Reino de Deus está aqui, que o governo de Deus está ao nosso alcance. Esta é a mensagem das Escrituras: Deus está empenhado em estabelecer seu reinado entre nós hoje. "É chegado o Reino dos céus!". Essa é a verdade que foi proclamada por João Batista, por Jesus, pelos discípulos, por Paulo, por Filipe... Agora é o cumprimento da palavra profética de Deus. Aleluia! Deus tem se manifestado entre nós, seu governo tem sido estabelecido, e seu reino tem se tornado visível. Essa é a única esperança para o mundo. Os governos humanos provaram que são inadequados, e seus líderes falharam na tentativa de produzir uma sociedade justa. Portanto, nossa única esperança é Deus estabelecer seu reinado eterno, o qual começa dentro de mim e dentro de você. O Reino de Deus chegou à terra quando Jesus veio viver aqui. Primeiro ele chamou os Doze e depois estabeleceu seu Reino no coração de todos aqueles que viessem a crer. Negar-se a si mesmo, submeter-se a Cristo e segui-lo até a cruz (Mt 16: 24-25), esse é o alicerce sobre o qual Jesus começa a edificar seu Reino.

oração

Jesus, habilita-nos a praticar a justiça do teu Reino, para que assim possamos viver nesta sociedade alternativa que tu estás criando. Que o teu Espírito nos capacite a praticar os atos de justiça que glorificarão teu nome.

9 DE OUTUBRO

Deus ouve o nosso clamor

PRA. SUELY BEZERRA

Disse o Senhor: "De fato tenho visto a opressão sobre o meu povo no Egito, e também tenho escutado o seu clamor, por causa dos seus feitores, e sei quanto eles estão sofrendo (Êx 3:7).

Esse versículo me fez pensar nos dias que estamos vivendo. Dias de aflição, de opressão, de lutas e dificuldades. Quando estamos passando por uma tristeza profunda, ou por uma circunstância difícil, talvez nos sintamos ofendidos se alguém nos disser que algo bom pode emergir daquela adversidade. Às vezes, uma pessoa que procura nos encorajar a confiar nas promessas de Deus pode ser vista por nós como insensível. Foi o que aconteceu com os filhos de Israel, quando Deus estava agindo para libertá-los do Egito. Conforme Faraó endurecia o coração e resistia em deixar o povo de Israel ir embora, ele aumentava a carga de trabalho forçado dos escravos hebreus (Êx 5:10-11). Eles ficaram tão desanimados que não conseguiam aceitar as palavras de Moisés, que lhes assegurava que Deus ouvira o clamor deles e os levaria para a Terra Prometida. Há ocasiões em que nossas feridas e temores podem fechar nossos ouvidos para as palavras de esperança de Deus. Mas o Senhor não deixa de falar quando temos dificuldades em ouvir. Ele continua a agir a nosso favor, assim como fez com o povo de Israel. Mesmo quando não sentimos a presença de Deus, seu cuidado amoroso está ao nosso redor.

oração

Pai querido, os tempos são maus, mas tu conheces minhas dores e tens ouvido meu clamor. Não permita que meu coração fique endurecido. Em nome de Jesus, amém.

11 DE OUTUBRO

O perigo da incredulidade

PRA. SUELY BEZERRA

Também no deserto vocês viram como o Senhor, o seu Deus, os carregou, como um pai carrega seu filho, por todo o caminho que percorreram até chegarem a este lugar (Dt 1:31).

A leitura do primeiro capítulo de Deuteronômio mostra que, enquanto Moisés preparava Israel para a última parte da viagem pelo deserto, ele avaliou os caminhos trilhados por Israel e constatou todo o cuidado de Deus por eles. Deus os levara pelo deserto como um pai leva seu filho. Moisés lembrou-lhes da voz de Deus no Sinai, recapitulou como enviaram os olheiros para espionar a terra que Deus havia prometido e como o povo hesitou em obedecer suas instruções para entrar na nova terra. Eles foram rebeldes à ordem do Senhor e murmuraram contra Deus; só viam gigantes e cidades fortificadas. Enfim, foram incrédulos ante as promessas de Deus. Por causa disso, uma viagem que duraria quinze dias durou quarenta anos. Quanto atraso! Não viram que a cidade que Deus estava preparando para eles manava leite e mel, embora o Senhor tivesse lhes dito para não temer. A incredulidade nos leva a pecar contra Deus. Aquela geração não entrou na Terra Prometida por causa da incredulidade (Hb 3:19). Assim acontece conosco. Quando somos incrédulos, deixamos de ver e receber o melhor de Deus. Perdemos a visão, tornamo-nos ingratos e com isso trazemos grandes prejuízos para nossa vida e, por fim, morremos no deserto. Que sejamos diferentes e possamos acreditar em vez de duvidar e, assim, poderemos contemplar tudo o que Deus tem preparado para nós.

oração

Pai, livra-me da incredulidade, que tanto mal pode me fazer. Que eu contemple apenas tuas promessas e possa ter minha fé renovada por ti. Em nome de Jesus, amém.

13 DE OUTUBRO

Os ligamentos da aliança

Pr. Carlos Bezerra

Trata-se de alguém que não está unido à Cabeça, a partir da qual todo o corpo, sustentado e unido por seus ligamentos e juntas, efetua o crescimento dado por Deus (Cl 2:19).

Quero hoje tratar dos ligamentos da aliança, a qual mantém firme nossa unidade em Cristo. Em Colossenses, Paulo fala não só de juntas, mas também de ligamentos. No corpo, os ligamentos mantêm os ossos ligados no lugar em que formam a junta. Portanto, a força de qualquer junta nunca é superior à do ligamento, que a segura. No corpo de Cristo, juntas são os relacionamentos entre os cristãos. Já o ligamento é o compromisso da aliança. Precisamos nos lembrar de que as palavras "aliança" e "testamento" são duas traduções diferentes da mesma palavra do original hebraico e grego. Assim, podemos entender toda a Bíblia como uma história de duas alianças: a antiga e a nova — esse é o conceito essencial de toda a revelação. Na Bíblia, encontramos exemplos de alianças que foram mais do que acordos, mas que se transformaram em instrumento de compromisso vitalício entre as partes. Numa aliança, cada participante tem sua obrigação claramente definida. Deus voluntariamente se obrigou a salvar, preservar e providenciar tudo para o povo da aliança. Porém, do lado humano, as obrigações eram diferentes. Na antiga, a obrigação do homem era observar a Lei de Moisés; na nova, de crer em Jesus e obedecê-lo. Ele é o Cabeça do corpo e é para ele que devemos viver todos os dias.

oração

Pai, obrigado. Ao nos dar teu Filho, tu também nos deste uma nova aliança, uma nova forma de nos relacionarmos contigo; não com base na observância da lei, mas, sim, pela fé naquilo que Jesus realizou por nós na cruz. Amém.

15 DE OUTUBRO

Momento de paz

PRA. SUELY BEZERRA

Venham a mim, todos os que estão cansados e sobrecarregados, e eu lhes darei descanso (Mt 11:28).

Quando meus filhos eram pequenos, eu lhes ensinei que a hora do almoço costumava ser minha primeira pausa do dia. Ao meio-dia, todos se reuniam para comer, e dávamos as mãos para orar. Mas quando eu abaixava a cabeça e agradecia a Deus, minha mente estava a mil por hora. Comer rapidamente, arrumar a cozinha, preparar as lições da tarde e começar os preparativos para o jantar. Em um dia especialmente agitado, antes de orar, eu parei e respirei fundo. Relaxei os ombros, clareei meus pensamentos, preparei meu coração para agradecer a Deus por nosso alimento, por meus filhos e por tudo de bom em minha vida. Foi uma pausa sagrada, para reconhecer minhas deficiências e a capacidade de provisão de Deus. Minhas necessidades no meio de um dia agitado eram muitas — eu não precisava apenas de comida, mas também de energia, paciência e disciplina. Acima de tudo, eu precisava de um momento de paz antes de iniciar minha tarde. Deus nos encontra onde estamos, conforme estamos. Sobrecarregados, cansados, sem energia. Ele não é apenas o provedor do alimento, mas também nos dá energia renovada, contentamento e equilíbrio para as próximas horas. Quando entramos silenciosamente na presença de Deus, oferecemos um momento de gratidão e recebemos a paz que ele promete. Tenhamos hoje um dia de paz.

oração

Deus Pai, ajuda-me a parar e entrar na tua presença muitas vezes a cada dia. Eu preciso do descanso e da paz que tu prometes em tua Palavra. Em nome de Jesus, amém.

17 DE OUTUBRO

O sal da terra

PRA. SUELY BEZERRA

Vocês são o sal da terra (Mt 5:13).

Em seu mais famoso sermão, Jesus comparou a vida do cristão ao sal. Ao fazer isso, ele estava dizendo aos discípulos que eles deveriam servir como um tempero e como um conservante para este mundo. Se eles não fizessem isso, seriam inúteis. O sal era tão valioso no mundo antigo que algumas pessoas, incluindo muitos soldados romanos, recebiam o pagamento por seu trabalho em sal em vez de dinheiro. (Salário vem do latim *salarium*, que significa dinheiro de sal.) Jesus então estava falando de algo valioso e importante. *O sal cura.* O soro fisiológico é uma solução que contém sal e é amplamente usada nos hospitais. O cristão tem em si a Palavra de Deus, que é remédio para a salvação dos homens. *O sal dá sabor.* Ele valoriza ainda mais os alimentos. O cristão dá sabor à vida através de qualidades como honestidade, pureza moral, bondade e amor. *O sal limpa.* Ele mata bactérias e elimina germes. O evangelho convence uma pessoa do seu pecado e a purifica. *O sal preserva.* Ele é usado para conservar a carne e outros alimentos. O sal espiritual — o cristão — preserva a sociedade da decadência moral. E *o sal provoca sede.* O cristão deve provocar sede de salvação, uma sede que só é satisfeita por Jesus, a fonte da água viva. Você tem sido sal nesta terra?

oração

Senhor, que eu seja sal para aqueles que estão ao meu redor. Ajuda-me a ser agente de transformação nesta sociedade tão necessitada e carente. Em nome de Jesus, amém.

19 DE OUTUBRO

Princípios de Deus para momentos de crise e temor

Pra. Suely Bezerra

Quando ainda eram poucos, um punhado de peregrinos na terra, e vagueavam de nação em nação, de um reino a outro, ele não permitiu que ninguém os oprimisse, mas a favor deles repreendeu reis, dizendo: "Não toquem nos meus ungidos; não maltratem os meus profetas". Ele mandou vir fome sobre a terra e destruiu todo o seu sustento; mas enviou um homem adiante deles, José, que foi vendido como escravo (Sl 105:12-17).

Todos nós experimentamos momentos difíceis. Essa passagem destaca dois princípios fundamentais de como o Senhor trata seu povo em meio às crises, e sua leitura deve produzir fé e descanso em nosso coração. O primeiro é o princípio da proteção. Os israelitas eram poucos, andavam de país em país, mas Deus não deixou que ninguém os maltratasse. Assim o nosso Pai faz conosco. Na nova aliança todos os nascidos de Deus são os escolhidos, os ungidos (1Jo 2:20), e os profetas de Deus. Portanto essa promessa diz respeito à nossa vida hoje. O segundo princípio é o da provisão. Esse salmo relata que Deus fez com que houvesse fome na terra, deixou seu povo sem alimento e então mandou na frente deles um homem chamado José, que havia sido vendido como escravo, o qual foi um instrumento de Deus para prover para o povo. Esse é o modo de nosso Pai fazer com que possamos superar todas as crises. Ele sempre tem provisão abundante, e ele prevê o futuro, tomando assim medidas antecipadas para evitar transtornos.

oração

Senhor, ajuda-nos a confiar em ti, pois, contigo, não precisamos temer nenhuma crise. Que possamos obedecer tua Palavra e descansar em tua providência.

21 DE OUTUBRO

Perdoar sempre

PRA. SUELY BEZERRA

Então Pedro aproximou-se de Jesus e perguntou: "Senhor, quantas vezes deverei perdoar a meu irmão quando ele pecar contra mim? Até sete vezes?" Jesus respondeu: "Eu lhe digo: não até sete, mas até setenta vezes sete" (Mt 18:21-22).

Todos nós vivemos momentos bons e maus na vida. E, nos momentos maus, temos a tendência de achar que a culpa pelo que estamos passando é de outra pessoa. Entre casais é comum a queixa de feridas, ressentimentos e traumas provocados pelo cônjuge. Percebo nas queixas a ausência de perdão, tão necessário no relacionamento familiar, mas reconheço que perdoar não é fácil. Jesus, no entanto, deixou bem claro como o perdão é importante na convivência entre os seres humanos. Na oração dominical, fica explícito que, se não perdoarmos os que nos ofendem, também não seremos perdoados pelo Pai. Só teremos esperança na vida familiar se o perdão for exercitado continuamente, como exemplifica Cristo na resposta a Pedro. Não sete vezes, mas setenta vezes sete, ou seja, indefinidamente. Sem Cristo, porém, isso é impossível. Foi ele quem levou sobre si nossos fardos e pecados e é ele quem nos capacita pelo Espírito a perdoar. Tenho visto maravilhas em famílias em que a prática do perdão é uma realidade diária. Perdoar não é pôr panos quentes nos atos, fatos e atitudes das pessoas. É levar a sério o comportamento, sem minimizá-lo, mas considerando à luz da realidade oferecer graça, perdão e nova oportunidade a quem nos ofendeu. Essa atitude não é uma coisa fácil nem mágica, nem depende de um sentimento, mas é um mandamento.

oração

Eu te agradeço, Deus, por me perdoares conforme tua infinita graça e misericórdia. Ajuda-me a estar aberto, a pedir e a conceder perdão em todos os meus relacionamentos. Amém.

23 DE OUTUBRO

Serenidade em meio aos problemas

PRA. SUELY BEZERRA

Eu lhes disse essas coisas para que em mim vocês tenham paz. Neste mundo vocês terão aflições; contudo, tenham ânimo! Eu venci o mundo (Jo 16:33).

Há períodos em que somos envolvidos por todo tipo de tribulação. Devemos encarar os problemas como uma prova e aceitá-los como parte da realidade da vida humana. Deus usa o problema, ou as provas, para nos ajudar a crescer na fé. Se você está passando por alguma dificuldade, confie nas palavras de Jesus e tenha bom ânimo. Não se sinta como se fosse o único a ter um problema na vida. Os problemas podem ser uma oportunidade para você se aproximar mais do Senhor. Você pode ser fortalecido pelos recursos inesgotáveis de Deus, para que seja capaz de passar por qualquer experiência e suportá-la com coragem. Paulo escreveu: "sendo fortalecidos com todo o poder, de acordo com a força da sua glória, para que tenham toda a perseverança e paciência com alegria, dando graças ao Pai, que nos tornou dignos de participar da herança dos santos no reino da luz" (Cl 1:11-12). Agradeça a Deus por seus problemas e aprenda a crescer na fé enquanto os enfrenta. O mesmo apóstolo Paulo afirma que "Deus age em todas as coisas para o bem daqueles que o amam, dos que foram chamados de acordo com o seu propósito" (Rm 8:28) — e isso inclui tanto as coisas boas como as ruins.

oração

Pai querido, sei que todas as coisas contribuem para o meu bem, portanto, eu posso descansar, com a certeza da vitória. Em nome de Jesus, para tua glória, amém.

25 DE OUTUBRO

Vida real e plena

PR. CARLOS BEZERRA

O ladrão vem apenas para furtar, matar e destruir; eu vim para que tenham vida, e a tenham plenamente (Jo 10:10).

Os meios de comunicação, em geral, querem que nós acreditemos que, se usarmos tal produto, ou vestirmos tal roupa, ou fizermos tal negócio, a vida será transformada em algo diferente e muito melhor. No entanto, a única fonte de vida real e plena é Jesus Cristo. Ele nos dá plenitude de vida em pelo menos três aspectos. *Primeiro*, em Cristo temos vida plena de paz. O mundo hoje caracteriza-se pela hostilidade entre nações e entre indivíduos, e a falta de paz interior é uma marca dos nossos dias. Mas o sangue de Jesus pode alterar essa realidade: "Pois foi do agrado de Deus que nele habitasse toda a plenitude, e por meio dele reconciliasse consigo todas as coisas, tanto as que estão na terra quanto as que estão no céu, estabelecendo a paz pelo seu sangue derramado na cruz" (Cl 1:19-20). *Segundo*, em Cristo há plenitude de segurança. O ser humano busca segurança por vários meios: pela educação, pela aquisição de bens materiais, pelos institutos de previdência e assim por diante. Tais coisas são boas, mas não atendem nossas necessidades mais íntimas. A verdadeira segurança vem somente de Deus, conforme bem sabia o salmista: "Sempre tenho o Senhor diante de mim. Com ele à minha direita, não serei abalado" (Sl 16:8). E, *terceiro*, em Cristo há plenitude de alegria. A felicidade faz parte da busca humana. E, embora muitos a procurem por tantos meios banais, a única, verdadeira e duradoura felicidade vem de Deus. Mesmo em meio a provas e dificuldades, a alegria plena de Jesus está à nossa disposição (2Co 8:2).

oração

Pai eterno, obrigado por fazer minha vida plena de paz, segurança e alegria em Cristo. Amém.

27 DE OUTUBRO

Um Pai disponível

Pra. Suely Bezerra

Sendo assim, aproximemo-nos de Deus com um coração sincero e com plena convicção de fé (Hb 10:22).

Meu esposo e eu sempre tivemos por hábito não deixar de atender nossos filhos, ainda que estivéssemos ocupados com as funções da igreja. Dizíamos que, se eles telefonassem e a secretária dissesse que estávamos ocupados, eles deveriam pedir a ela que transferisse a ligação dizendo que eram nossos filhos. "Podem nos chamar sempre que precisarem, pois vocês são filhos", nós dizíamos a eles. Certa vez, um de nossos filhos ligou para a igreja e a secretária passou o telefonema para nós. Meu marido perguntou o que poderia fazer por ele, e ele respondeu: "Nada, papai, eu só queria saber e ter a certeza de que poderia alcançá-lo com facilidade". Nós também sempre temos acesso instantâneo ao nosso Pai celestial. Não há secretária para transferir a ligação, nosso Pai está sempre pronto a nos atender. Não é preciso ficar em dúvida se devemos incomodá-lo ou não. Não há necessidade de deixar uma mensagem para que ele possa retornar a ligação mais tarde. O salmista nos lembra: "Os olhos do Senhor voltam-se para os justos, e os seus ouvidos estão atentos ao seu grito de socorro" (Sl 34:15). Por meio de sua morte e ressurreição, Jesus providenciou o caminho, por isso temos livre acesso ao Pai através da oração.

oração

Pai amado, ensina-me diariamente a importância da comunhão contigo. Que eu me aproxime de ti com ousadia e confiança, sabendo que tu estás sempre pronto a me responder. Em nome de Jesus, amém.

29 DE OUTUBRO

Aquietai-vos

Pra. Suely Bezerra

Aquietai-vos e sabei que eu sou Deus (Sl 46:10, ARA).

A palavra aquietar significa estar, ficar ou permanecer quieto; tornar-se tranquilo, apaziguar-se. Com tantas adversidades que surgem em nossa vida, manter a tranquilidade é algo quase impossível. Ficamos preocupados, aflitos, ansiosos. Mas o salmista declara que, não importa a situação que estejamos passando, precisamos nos aquietar e saber que o Senhor é Deus. O salmo 46 é conhecido como o salmo de confiança. O salmista começa afirmando que "Deus é o nosso refúgio e fortaleza, socorro bem-presente nas tribulações" (v. 1, ARA). Essa ideia surge muitas vezes ao longo da Bíblia. Deus nunca prometeu que estaríamos isentos de momentos difíceis. Sua promessa é que, em meio às tribulações, ele será nosso refúgio e socorro. Deus está conosco e esse é o motivo pelo qual podemos nos aquietar. Enquanto corremos de um lado para outro, tentando resolver os problemas do nosso modo, não há tempo para perceber a presença de Deus, pronto a nos socorrer e servir de refúgio. O versículo em destaque é um convite para separarmos um tempo para Deus antes de sairmos correndo por aí. Nesse tempo a sós com o Senhor, nós poderemos conversar com ele, ler suas promessas escritas na Bíblia, meditar nelas e, então, perceberemos que não estamos sozinhos. Deus está conosco. E, como disse Paulo, "se Deus é por nós, quem será contra nós?" (Rm 8:31). Portanto, aquiete-se e saiba que ele é Deus.

oração

Pai amado, como é bom saber que tu estás comigo e que tu és meu refúgio e fortaleza. Por isso, posso me aquietar, porque tudo está debaixo do teu controle. Em nome de Jesus, amém.

31 DE OUTUBRO

O Senhor é a nossa alegria

PR. CARLOS BEZERRA

Alegrem-se sempre no Senhor. Novamente direi: alegrem-se! (Fp 4:4).

Vivemos uma época de tantas situações difíceis que às vezes tendemos a esquecer o chamado bíblico para a alegria. Estar alegre é uma questão de escolha. Não é a ausência de problemas ou adversidades, mas é saber que temos o Salvador, que veio ao mundo para nos resgatar, para nos dar a vida eterna. Devemos ficar alegres por saber que temos uma missão a cumprir em benefício uns dos outros. O princípio da alegria traz sentido à nossa existência. Paulo escreveu: "Se vivemos, vivemos para o Senhor; e, se morremos, morremos para o Senhor. Assim, quer vivamos, quer morramos, pertencemos ao Senhor" (Rm 14:8). A forma como vivemos impacta as pessoas ao nosso redor, e por isso é tão importante que sejamos veículos de paz e alegria vindas do alto onde quer que estejamos. Meu desejo é que a graça de Jesus inunde seu coração, que a plenitude do Espírito Santo produza alegria, paz, vitórias, consolo, fortalecimento e tantas outras virtudes em sua vida até o dia em que Cristo vier em glória para resgatar sua igreja.

oração

Pai amado, quando eu estiver enfrentando lutas e dificuldades, faz com que eu experimente da tua alegria ao me lembrar dos teus grandes feitos em minha vida. Em nome de Jesus, amém!

2 DE NOVEMBRO

Deus conhece o nosso coração

PRA. SUELY BEZERRA

Sabendo que, se o nosso coração nos condena, maior é Deus do que o nosso coração e conhece todas as coisas (1Jo 3:20).

Deus nos deu um dispositivo seguro que a graça nos trouxe na nova aliança: um coração recriado. Como saber se estamos andando corretamente diante do Pai? Nosso novo coração nos alerta. A graça divina presente em nosso espírito sempre apontará para a obediência. Em 1 João 3:9 está escrito: "Todo aquele que é nascido de Deus não pratica o pecado, porque a semente de Deus permanece nele; ele não pode estar no pecado, porque é nascido de Deus". A partir do momento em que professamos a fé cristã, não é possível ter paz se nosso coração nos condena por pecados secretos. Deus é maior do que nosso coração e conhece tudo. Ele sabe de todos os nossos pecados e sabe quando tentamos convencer a nós mesmos de que determinada prática não consiste em pecado, mas que é algo mau diante dos olhos de Deus. Ele quer que estejamos livres do pecado. Às vezes buscamos dentro de nós as respostas para nossas inquietudes, mas quem pode entender o coração humano? (Jr 17:9). Felizmente Deus transcende o nosso pensamento e nossas emoções e conhece todas as coisas. Só ele pode e sabe como nos ajudar. Confie no Senhor e viva para agradá-lo.

oração

Jesus amado, não sou capaz de me livrar do pecado por mim mesmo. Só teu sangue pode me purificar e me libertar para que esse poder não opere mais em mim. Ajuda-me, Senhor. Amém.

4 DE NOVEMBRO

Deus é nosso alento

Pra. Suely Bezerra

Veja! O inverno passou; as chuvas acabaram e já se foram. Aparecem flores sobre a terra, e chegou o tempo de cantar; já se ouve em nossa terra o arrulhar dos pombos. A figueira produz os primeiros frutos; as vinhas florescem e espalham sua fragrância (Ct 2:11-13).

O ano de 2020 foi totalmente atípico. Parecia que não ia acabar. Só ouvíamos notícias tristes. Famílias enlutadas, doença, desemprego, fome, violência e miséria. Mas a primavera sempre chega. Nessa estação, Deus nos mostra que as coisas nem sempre são o que parecem. No decorrer da vida passamos por situações aparentemente sem esperança. Nas Escrituras, há vários exemplos disso. Um deles é o da viúva de Naim (Lc 7:11-17). No momento mais desanimador e triste da existência daquela mulher, que, além de viúva, acaba de perder seu único filho, Jesus opera um milagre e traz o rapaz de volta à vida.

E quanto a Jó? A tragédia se abateu sobre sua vida e ele perdeu tudo que considerava importante. Na miséria, ele disse: "Meus dias passam mais depressa do que a lançadeira do tecelão e vão embora sem deixar esperança" (Jó 7:6). O que parecia a Jó e a seus amigos ser uma prova de que Deus havia se virado contra ele era exatamente o oposto. Deus confiava tanto na integridade de Jó que confiou nele nessa batalha contra Satanás. Mais tarde, a esperança e a vida de Jó foram renovadas. A chegada da primavera, todo ano, conforta-nos quando estamos no inverno da desesperança. Não importa quão desolada a paisagem da vida possa parecer, Deus pode transformá-la num glorioso jardim de cores e fragrâncias.

oração

Pai, tu sempre tens teus olhos voltados para teus filhos. Tua boa mão traz solução para as crises insolúveis. Eu te louvo por isso, Senhor. Amém.

6 DE NOVEMBRO

Amor: a base dos relacionamentos

PR. CARLOS BEZERRA

Seja constante o amor fraternal (Hb 13:1).

Ao entrarmos no Reino de Deus pelo novo nascimento, ganhamos uma nova mente e um novo coração. Segundo escreve Paulo, "se alguém está em Cristo, é nova criação. As coisas antigas já passaram; eis que surgiram coisas novas!" (2Co 5:17). Portanto, a base do nosso relacionamento, do nosso serviço em fé, passa a ser o amor. O amor é a base de todos os nossos relacionamentos; é o amor ágape, o amor de Deus, que não impõe condições nem espera nada em troca. Deus é amor, e seus filhos vivem uma vida de amor aqui na terra, como bem diz o apóstolo João: "Amados, amemo-nos uns aos outros, pois o amor procede de Deus. Aquele que ama é nascido de Deus e conhece a Deus. Quem não ama não conhece a Deus, porque Deus é amor" (1Jo 4:7-8). Quando perguntaram a Jesus a respeito do grande mandamento, ele ensinou: "'Ame o Senhor, o seu Deus de todo o seu coração, de toda a sua alma e de todo o seu entendimento'. Este é o primeiro e maior mandamento. E o segundo é semelhante a ele: 'Ame o seu próximo como a si mesmo'. Destes dois mandamentos dependem toda a Lei e os Profetas" (Mt 22:37-40). Portanto, a igreja é a família de Deus aqui na terra. Deus é nosso Pai, Jesus é nosso irmão mais velho, e o Espírito Santo é nosso Consolador, e todos os cristãos, como filhos de Deus, completam esta família. Devemos viver na dependência uns dos outros, sabendo que o amor é nosso maior vínculo.

oração

Senhor, eu te agradeço pela família de fé que tu me deste. Que eu possa expressar teu amor em todos os meus relacionamentos. Amém.

8 DE NOVEMBRO

O lugar de descanso

Pra. Suely Bezerra

Jesus estava na popa, dormindo com a cabeça sobre um travesseiro. Os discípulos o acordaram e clamaram: "Mestre, não te importas que morramos?" (Mc 4:38).

Temos vividos dias de estresse e pressão, causados pelas tempestades da vida. E isso tem o poder de nos manter acordados durante a noite e às vezes de nos deixar sem condições de produzir durante o dia. Como descansar enquanto nosso barco está sendo fustigado por um vento tempestuoso? Jesus foi capaz de dormir nessas circunstâncias. Jesus sabia que estava seguro nos braços do Pai. Deus é capaz de nos dar tal atitude diante de uma situação adversa, de tal modo que possamos nos sentir tão satisfeitos na tribulação quanto fora dela. Parece impossível? Esse tipo de descanso é um alívio contra a fraqueza mental e espiritual. É descanso e não lazer. É descanso da insegurança e do medo. Jesus questionou os aterrorizados discípulos quanto à fé que possuíam. Ele esperava que seus amigos descansassem nele. E esse é o melhor descanso. Anos atrás, uma costureira me falou de sua experiência profissional. E ela contou que a agulha de uma máquina de costura fica presa à máquina. Quando em movimento, não conseguimos ver a agulha, por causa da velocidade com que ela se move. Porém, a agulha está apenas descansando nos braços da máquina, que faz todo o trabalho. Assim também pode ser a vida de quem está conectado com Cristo, através de quem o poder divino flui. Descansando em seus braços, podemos manejar os ventos fortes que nos assolam e descansar em paz.

oração

Amado Jesus, quero aprender a descansar em ti, mesmo em meio às turbulências dessa vida. Dai-me a compreensão de que estou seguro nos braços do Pai. Amém.

10 DE NOVEMBRO

Olhando para dentro de nós

PRA. SUELY BEZERRA

Finalmente, irmãos, tudo o que for verdadeiro, tudo o que for nobre, tudo o que for correto, tudo o que for puro, tudo o que for amável, tudo o que for de boa fama, se houver algo de excelente ou digno de louvor, pensem nessas coisas (Fp 4:8).

Salomão, quando foi ungido rei de Israel, pediu ao Senhor sabedoria para governar. Por ser sincero, ele foi atendido. Seus escritos em Provérbios e Eclesiastes revelam isso. Alguns de seus ensinamentos falam da vida interior — a alma, os pensamentos e o coração, do qual procedem as fontes da vida (Pv 4:23). Você pode fingir ser diferente daquilo que aponta seu coração por um curto período, mas ele rapidamente reassume o controle e dita suas ações. Os sentimentos e os pensamentos muitas vezes nos confundem. Por isso, a Bíblia nos orienta quanto ao que deve ocupar nossa mente, conforme o versículo em destaque. Nossa mente nunca fica vazia. Desde que nascemos, ela acumula informações conscientes e inconscientes, positivas e negativas, espirituais e mundanas. Sendo Satanás o pai da mentira, o inimigo de Deus é sistemático e astuto em distorcer o significado das coisas. Mesmo sem nos darmos conta, nossa mente se enche mais dos princípios mundanos, que nos separam do Senhor. Ocupar a mente com coisas boas conduz a bons sentimentos. A mídia hoje pode trazer muitas informações úteis, mas também pode poluir nossa mente e nosso coração com muito lixo. Aprender a discernir o certo do errado à luz da Palavra de Deus é o caminho para uma vida segura neste mundo turbulento em que vivemos.

oração

Senhor, purifica minha mente de todos os pensamentos impuros. Que teu amor me motive a viver para tua glória. Em nome de Jesus, amém.

12 DE NOVEMBRO

Fidelidade nos fundamentos

Pr. Carlos Bezerra

Não mude de lugar os antigos marcos que limitam as proprie-dades e que foram colocados por seus antepassados (Pv 22:28).

Jesus falou em uma de suas parábolas sobre a importância de construir a casa sobre fundamentos sólidos. Ele diz que a casa edificada sobre a rocha permanece firme para sempre, enquanto a casa edificada sobre a areia desaba assim que chegam as intempéries (Mt 7:24-27). O fundamento é o que faz a diferença e por isso é a principal preocupação dos edificadores. Nós, cristãos, devemos nos ater ao legado que estamos deixando para a próxima geração de discípulos, que o Senhor tem colocado em nossas mãos para serem ensinados, cuidados e abençoados. O ministério que exercemos precisa estar bem fundamentado em Cristo, para que continue a dar frutos, mesmo quando não estivermos mais presentes. Precisamos nos voltar para nossos pais, que construíram a casa, que lançaram os alicerces. Desse modo saberemos se estamos sendo fiéis em dar continuidade ao projeto inicial. Devemos honrar e abençoar nossa próxima geração com base nos marcos que nossos pais colocaram. Nosso compromisso com a geração vindoura é abençoá-la e mantê-la firme nos fundamentos que um dia elas receberam.

oração

Senhor, tu és o firme fundamento de todas as coisas. Eu te agradeço pelos que vieram antes de mim e me mostraram o teu caminho. Que eu possa fazer o mesmo às próximas gerações. Amém.

14 DE NOVEMBRO

Pai das consolações

Pra. Suely Bezerra

Bendito seja o Deus e Pai de nosso Senhor Jesus Cristo, Pai das misericórdias e Deus de toda consolação, que nos consola em todas as nossas tribulações, para que, com a consolação que recebemos de Deus, possamos consolar os que estão passando por tribulações (2Co 1:3-4).

Deus nunca prometeu isentar-nos da dor, mas promete estar conosco todos os dias. Às vezes não entendemos por que passamos por provações e pensamos em desistir. Mas, na hora certa, o Espírito Santo de Deus traz paz à nossa alma. Se examinarmos as provações, veremos que elas nada mais são do que o agir de Deus para que nos tornemos filhos melhores. Como seríamos capazes de consolar outros se conhecêssemos o sofrimento só na teoria? Só depois de passar pelas provações é que somos habilitados por Deus para consolar. Dor, perigo, desesperança, indiferença, ira, mágoa já são nossos velhos conhecidos. Mas provamos o agir soberano de Deus sobre esses sentimentos quando ele os dissipa um a um. Paulo afirma que Deus permite o sofrimento para que possamos aprender. Uma vez aprovados, podemos consolar outras pessoas. Neste exato momento, qualquer um de nós pode estar em meio a um aprendizado. É provável que o Espírito tenha um ministério de consolação para muitos de nós. Trata-se de um ministério duro, mas extremamente necessário. Para quem nunca sofreu, é muito fácil distribuir palavras de conselho, mas palavras de conforto só fluem naturalmente da boca de verdadeiros consoladores.

oração

Pai querido, louvado seja teu nome porque tu és um Deus que nos consola em todas as nossas tribulações. Que minha vida possa ser usada por ti para levar consolo e conforto a outros. Em nome de Jesus, para tua glória, amém.

16 DE NOVEMBRO

Passando por adversidades

Pra. Suely Bezerra

O justo passa por muitas adversidades, mas o Senhor o livra de todas (Sl 34:19).

A maioria dos e-mails que recebo vem de pessoas que estão atravessando o vale da aflição. Quase todos trazem a mesma pergunta: por que os problemas aumentam na minha vida cada vez que decido me aproximar de Jesus? O versículo de hoje é a resposta. Nele há duas promessas, e, se você quer ser um cristão autêntico, prepare-se para experimentá-las. A primeira é que neste mundo você enfrentará momentos de dificuldade. O sofrimento é uma realidade inevitável da vida, mais ainda para quem decide seguir Jesus. Mas a segunda promessa afirma que o Senhor livrará os seus de todas as adversidades. Muita gente imagina a felicidade como uma vida sem problemas, esquecendo que os espinhos fazem parte da rosa e que a noite faz parte do dia. Você pode ser feliz em meio às adversidades se souber administrá-las na certeza de que o Senhor o livrará de todas elas. O salmo 34 é um hino de louvor a Deus porque ele livrou seu povo, e não porque seus filhos não tiveram dificuldades. Entender isso pode ser o começo de uma nova dimensão na vida. Deus cura o coração ferido, mas a intervenção divina não teria sentido se o coração não estivesse ferido. Quais são as aflições que você hoje está enfrentando? Não importa. Antes de partir para enfrentar a montanha de dificuldades que está diante de você, decore este versículo e o repita ao longo do dia: *O justo passa por muitas adversidades, mas o Senhor o livra de todas.*

oração

Pai, tenho enfrentado muitas aflições, mas tenho a promessa de que tu me livras de todas elas. Eu te agradeço por teu amor e cuidado diários. Em nome de Jesus, amém.

18 DE NOVEMBRO

Projetar a vida de Jesus Cristo em outros

Pr. Carlos Bezerra

Finalmente, fortaleçam-se no Senhor e no seu forte poder (Ef 6:10).

Naturalmente você já sabe que nossa vida é determinada pelas escolhas que fazemos. Portanto, é fundamental estabelecermos prioridades. A Bíblia ensina, em Efésios 5:18—6:12, cinco prioridades para o cristão: a relação de intimidade com Deus, intimidade com o cônjuge, intimidade com a família, exercício da profissão e o exercício do ministério na vida cristã, e é sobre isso que vamos falar agora. Deus nos deu aptidões para executarmos o ministério. Ele quer usar nossos dons e talentos no seu Reino, para que sua glória se manifeste através de nossa vida. O exercício ministerial diz respeito a projetar a vida de Jesus em outras pessoas. À medida que minha vida é a expressão do evangelho, outras pessoas podem conhecer a graça transformadora que há em Jesus. É importante frisar que a prioridade que devemos dar ao ministério da vida cristã não tem a ver apenas com um serviço prestado à igreja ou com uma responsabilidade eclesiástica, mas sim com nossa forma de agir em todas as esferas da existência. Refere-se ao nosso testemunho, àquilo que somos e demonstramos ser no dia a dia. Devemos expressar nossa vida com Deus por meio do trabalho, do ministério, das responsabilidades que assumimos, dando testemunho diante das pressões, desafios e circunstâncias da vida, firmados não na capacidade humana, mas sim no relacionamento com Deus, que nos fortalece para prosseguir e para abençoar outros à nossa volta.

oração

Senhor, ajuda-me a viver de modo a expressar teu amor e teu poder a todos com quem eu convivo. Em nome de Jesus, amém.

20 DE NOVEMBRO

Semeando em nossa família

PRA. SUELY BEZERRA

Quem causa problemas à sua família herdará somente vento; o insensato será servo do sábio (Pv 11:29).

Nada pode ser pior para alguém do que ter sua família destruída. Quando a Bíblia fala em herdar o vento alude à falta de respeito e gratidão entre membros de uma mesma família. Em minha experiência com aconselhamento, vejo pessoas cujos relacionamentos dizem mais acerca delas do que as palavras. Muitas pessoas não percebem que a vida é uma construção que precisa ser alicerçada com bons materiais, como honra, verdade, respeito, perdão e amor. Jesus falou sobre isso na parábola sobre a casa construída sobre a rocha e a casa construída na areia (Mt 7:24-27). No Antigo Testamento temos também a história de Nabal e sua esposa, Abigail. Ele era um homem duro, que semeou ira e colheu morte (1Sm 25:37-38). Nabal só se preocupava consigo mesmo e suas riquezas, não com sua família, e seu fim não poderia ser mais trágico. A história desse homem nos leva a refletir sobre o que nós semeamos em nossa família. Plantamos discórdia e ódio ou paz e reconciliação? A Bíblia é muito clara ao afirmar que "o que o homem semear, isso também colherá" (Gl 6:7). Que este seja um dia de reflexão acerca de sua família e de suas atitudes em relação a ela. Qual é o caminho que você está escolhendo para conduzi-la?

oração

Senhor, peço tua ajuda para que eu seja agente de paz e reconciliação no meio da minha família. Que tu sejas a grande herança para aqueles que eu tanto amo. Em nome de Jesus, amém.

22 DE NOVEMBRO

Tempos de reconciliação

PRA. SUELY BEZERRA

Quando disserem: "Paz e segurança", então, de repente, a destruição virá sobre eles (1Ts 5:3).

Algum tempo atrás, assisti a um documentário que falava do tsunami que ocorreu na Indonésia em 2004. Naquela manhã, a praia de Patong estava tranquila. Os hotéis estavam lotados de turistas naquele 26 de dezembro, um dia após o Natal. O amanhecer anunciava mais um dia aprazível, e muitos aproveitavam para tomar o café da manhã na beira da praia. Ninguém ali imaginava que, naquele mesmo instante, uma onda gigantesca formava-se no mar e se abateria sobre a costa, causando devastação e a morte de mais de 230 mil pessoas. Tsunamis, terremotos, atentados terroristas não mandam avisos. Essa catástrofe me fez lembrar do que Paulo diz sobre a volta de Cristo: ela será repentina, como o ladrão que ataca à noite (1Ts 5:2). Pedro acrescenta: "Os céus desaparecerão com um grande estrondo, os elementos serão desfeitos pelo calor, e a terra, e tudo o que nela há, será desnudada" (2Pe 3:10). Vivemos um momento de reconciliação. "Somos embaixadores de Cristo, como se Deus estivesse fazendo o seu apelo por nosso intermédio. Por amor a Cristo lhes suplicamos: Reconciliem-se com Deus" (2Co 5:20). Reflita neste dia como está sua vida com Deus. Veja se você tem andado em seus caminhos, e se não estiver, esta é a hora. "Busquem o Senhor enquanto se pode achá-lo; clamem por ele enquanto está perto" (Is 55:6).

oração

Pai querido, eu te agradeço, porque por meio de Jesus posso me reconciliar contigo. Perdoa meus pecados, lava-me e purifica-me, para a glória do teu nome. Amém.

24 DE NOVEMBRO

Um futuro garantido

Pr. Carlos Bezerra

Busquei o Senhor, e ele me respondeu; livrou-me de todos os meus temores (Sl 34:4).

Ao buscarmos o Senhor, somos acolhidos pelo nosso Pai eterno, que nos capacita com o discernimento do Espírito Santo. Não sabemos como será o próximo ano, o próximo mês, a próxima semana ou o amanhã, e isso pode trazer inquietações, ansiedade, dúvidas e temores. Porém, toda essa angústia se desfaz quando olhamos para o Senhor e buscamos na sua Palavra a direção, a segurança e a paz de que precisamos no nosso cotidiano. Ao meditarmos diariamente nas verdades bíblicas, a paz de Deus, que excede todo o entendimento, invade nossa alma e nos traz alegria — a alegria do Senhor que, como declara a Escritura, é nossa força. Deus é quem cuidou do nosso passado, quem cuida do nosso presente e quem cuidará muito bem do nosso futuro. Nele não há sombra de variação, ele é o Pai das luzes. Ele é o alfa, ele é o ômega, o princípio e o fim. Este é Jesus, Senhor da história, maravilhoso, conselheiro, Deus forte, Pai da eternidade, Príncipe da paz. A nossa confiança total e irrestrita em Jesus nos guia rumo ao amanhã. Portanto, podemos apresentar a ele nossos clamores para que haja cura para nossa nação e para todas as nações do mundo, afetadas com misérias tão terríveis. O Senhor é bom; ele nos ouve e nos livra do mal sempre que nos dispomos a buscá-lo.

oração

Pai amado, sei que meu futuro pertence a ti. Quero buscar-te todos os dias da minha vida e descansar nas tuas maravilhosas promessas. Em nome de Jesus, amém.

26 DE NOVEMBRO

Um coração fragmentado

PRA. SUELY BEZERRA

O Senhor está perto dos que têm o coração quebrantado e salva os de espírito abatido (Sl 34:18).

O salmista fala de um coração quebrantado e de um espírito abatido. Sentimos o coração quebrantado quando outra pessoa rompe o relacionamento conosco. É um choque. Um espírito abatido é o resultado da tristeza profunda de termos rompido a relação com Deus ou com algum ser humano. Um coração quebrantado sente a dor do abandono, da rejeição. A pessoa tem a impressão de que foi despedaçada. Perde a vontade de viver, amar e confiar. Quantas vezes já nos sentimos assim? Jesus exerceu com profunda compaixão um de seus papéis mais importantes. Ele foi enviado para curar os quebrantados de coração (Is 61:1-3). Ele lidou com o medo do chefe da sinagoga, com a rejeição da mulher samaritana. Deus tem seus planos e propósitos para nós e promete estar ao nosso lado sempre, mesmo nos momentos mais sombrios de aflição e tristeza. A Bíblia assegura que Deus tem planos bons para seus filhos, a fim de lhes dar esperança e um futuro, e promete ouvi-los e se deixar encontrar quando eles o buscarem de todo o coração (Jr 29:11-14). Podemos ter a certeza de que Deus tem algo novo reservado para nós e por isso podemos repetir o que diz o autor de Lamentações 3:22-24: "Graças ao grande amor do Senhor é que não somos consumidos, pois as suas misericórdias são inesgotáveis. Renovam-se cada manhã; grande é a tua fidelidade! Digo a mim mesmo: A minha porção é o Senhor; portanto, nele porei a minha esperança".

oração

Pai bondoso, obrigado por estar ao meu lado a cada dia e por fazer brilhar tua luz sobre meus medos e rejeições. Em nome de Jesus, amém.

28 DE NOVEMBRO

O normal da vida cristã

PRA. SUELY BEZERRA

Assim, levantou-se da mesa, tirou sua capa e colocou uma toalha em volta da cintura. Depois disso, derramou água numa bacia e começou a lavar os pés dos seus discípulos, enxugando-os com a toalha que estava em sua cintura (Jo 13:4-5).

Esse texto demonstra que Jesus era servo, pois o costume de amarrar uma toalha na cintura era praticado apenas pelos servos e escravos encarregados do trabalho de uma casa. O fato de Jesus se apresentar dessa maneira era como se ele dissesse que não era maior do que qualquer um naquele lugar. Lavar os pés era uma tarefa designada a quem estava em posição de humilhação. Jesus fez isso com o propósito de ensinar que a vida cristã é acima de tudo uma vida de serviço. Ao lavar os pés de seus discípulos, Jesus exemplificou essa verdade de maneira bem clara. Jesus, o líder, demonstrou a razão maior de sua missão: servir. Há três verbos no texto que ilustram a lição que Jesus queria ensinar aos discípulos: *levantar, tirar* e *enxugar*. Ele *levantou-se* porque ninguém serve sentado. Ele *tirou* a capa, despindo-se de orgulho e preconceito. E ele *enxugou-os* com a toalha, pois todo serviço se evidencia na ação em favor de alguém. O normal da vida cristã, portanto, é estar disposto ao serviço, tornando-se um canal da graça de Deus para o bem do próximo e para o louvor do Senhor, em nome de quem o serviço é prestado.

oração

Senhor, ajuda-me a viver um cristianismo que expresse um serviço prestado de todo coração. Que eu possa servir meus irmãos com a mesma alegria que sirvo a ti. Em nome de Jesus, amém.

30 DE NOVEMBRO

Ele nos deu nova vida, somos nova criação

PR. CARLOS BEZERRA

Não sabem que, quando vocês se oferecem a alguém para lhe obedecer como escravos, tornam-se escravos daquele a quem obedecem: escravos do pecado que leva à morte, ou da obediência que leva à justiça? (Rm 6:16).

Essa pergunta de Paulo deve nos levar a refletir sobre nossas atitudes. Quando vivíamos na falta de conhecimento de Deus e sua Palavra, éramos servos do pecado. Obedecíamos ao diabo, porque éramos seus filhos. Não tínhamos outra opção a não ser viver debaixo dessa escravidão. O velho homem era escravo, queria mudar de atitude, mas não era capaz disso. Essa é a experiência que o próprio Paulo relata afirmando que queria fazer o bem e não conseguia. Esforçava-se, mas era um escravo. Antes do novo nascimento, as pessoas são mentirosas, perturbadas, oprimidas, vencidas em todos os aspectos, pois fazem a vontade do seu senhor. Foi assim conosco até sermos alcançados por Cristo. Fomos reconciliados com Deus. Ele se tornou o nosso Pai, por intermédio de seu Filho Jesus, que nos libertou da lei do pecado e da morte. Agora estamos mortos para as paixões pecaminosas e suas pressões. Fomos feitos servos da justiça e estamos sob o poder de Deus, que nos deu livramento por meio do sacrifício de Cristo. Essas são verdades que precisamos destacar com toda autoridade e reparti-las com tantos quantos não a conhecem, para que experimentem a libertação e a vida que há em Jesus.

oração

Senhor, eu te agradeço porque sou nova criatura em ti. Tu me libertaste da escravidão em que eu vivia e me conduziste com amor para o teu Reino. Graças te dou por isso! Amém.

2 DE DEZEMBRO

A prosperidade do ímpio

Pra. Suely Bezerra

Mas, para mim, bom é estar perto de Deus; fiz do Soberano Senhor o meu refúgio; proclamarei todos os teus feitos (Sl 73:28).

O salmo 73 mostra que seu autor, Asafe, quase caiu em tentação por olhar e invejar a vida do ímpio. Ele começa a ver que os ímpios prosperam, são saudáveis, não passam por sofrimentos, andam despreocupados e aumentam suas riquezas. Enquanto observa o ímpio, Asafe chega a achar que foi inútil conservar seu coração puro e suas mãos inocentes. Apenas quando o salmista entra na casa de Deus e vê o fim que aguarda os ímpios é que sua percepção muda. Ele reconhece por fim que Deus é sua fortaleza e sua herança para sempre. Quantas vezes agimos como Asafe? Começamos a ver a prosperidade do ímpio e não olhamos para tudo que Deus já fez em nossa vida. Esquecemos que em todo tempo ele tem seus olhos voltados para nós; que ele é quem nos guarda de todo mal. Que o Senhor nos livre de sermos ingratos e de esquecermos os benefícios que ele nos proporciona. Que nos questionemos com gratidão, como fez o salmista: "Como posso retribuir ao Senhor toda a sua bondade para comigo?" (Sl 116:12). Quando nos sentirmos tentados a achar que a vida desta ou daquela pessoa é melhor que a nossa, que possamos lembrar que Deus é nosso abrigo, nosso provedor e nele podemos confiar. Não há bem maior que esse!

oração

Pai de amor, que meus olhos estejam sempre postos em ti e que em ti, Senhor, esteja depositada minha confiança para sempre. Em nome de Jesus, amém.

4 DE DEZEMBRO

Caminhar seguro

Pra. Suely Bezerra

Então você seguirá o seu caminho em segurança, e não tropeçará (Pv 3:23).

Nossa vida física e tudo que nos pertence está sob a proteção de Deus. Nossa vida espiritual e todos os nossos interesses estão sob a proteção da sua graça, para que não vivamos no pecado ou na angústia. O terceiro capítulo de Provérbios começa com uma série de instruções para uma vida próspera e nos ensina a submeter nossa vida a Deus, até frisar o ensinamento do versículo em destaque. Você já notou que, desde a queda das torres gêmeas, nos Estados Unidos, em 11 de setembro de 2001, ninguém mais se sente seguro? O sistema de segurança dos aeroportos, por exemplo, é cada vez mais rigoroso. É como se todos vivessem dominados por um medo escondido que incomoda e traz insegurança. Provérbios fala da insegurança no caminho desta vida, muitas vezes tão cheio de armadilhas e anúncios mentirosos que tentam nos desviar do rumo certo. O propósito dos ensinamentos divinos é abrir nossos olhos para não tropeçarmos e ficarmos longe do abismo. Salomão conhecia por experiência própria a dor e a tristeza que o pecado traz. Ele teve noites de desespero, angústia e sentiu o peso da culpa, mas finalmente achou o perdão e restauração. Por isso, hoje, se não estivermos andando segundo a vontade de Deus, é momento de pararmos, refletirmos e lembrarmos que Jesus morreu para restaurar nossa vida e nos fazer andar seguros rumo à casa do nosso Pai.

oração

Pai, ajuda-me a nunca me desviar do teu caminho, tendo sempre a clareza de que só em ti tenho a segurança de que preciso na caminhada. Em nome de Jesus, amém.

6 DE DEZEMBRO

A nova identidade

Pr. Carlos Bezerra

Arrependam-se, pois, e voltem-se para Deus, para que os seus pecados sejam cancelados, para que venham tempos de descanso da parte do Senhor, e ele mande o Cristo, o qual lhes foi designado, Jesus (At 3:19-20).

É muito triste testemunharmos a falência da instituição chamada igreja. Muitos dos valores estão desabando, líderes decepcionam, organizações estão comprometidas com a injustiça, com o pecado, com a hipocrisia, com o engano e com a falsidade. Com frequência, surgem teologias alheias ao plano original do Senhor da igreja, que é Cristo. Acredito que o problema reside no fato de que não se anuncia mais o evangelho da cruz, não se fala sobre perdão, sobre a salvação, não se fala em uma nova mente e em um novo coração. Vivemos numa sociedade que tem a hipocrisia como sua maior marca. Na tentativa de buscar uma solução para os problemas, a igreja acabou enredando-se e permitindo que a contaminação do mundo adentrasse suas portas. O que o ser humano necessita é mudança de natureza, e não simplesmente de conduta, mas a igreja parece ter se esquecido disso. A religião, é bem verdade, contribui para a formação do indivíduo, fixando nele os valores do bom comportamento e da boa educação. Porém tornar as pessoas somente bem-comportadas e educadas não as levará a lugar nenhum. O que elas precisam é de uma nova identidade em Cristo. Que o Senhor nos ajude a proclamar o evangelho da cruz, que concebe arrependimento, como declarou Pedro no versículo em destaque.

oração

Senhor, faz de mim um instrumento de proclamação do teu evangelho puro e genuíno. Que muitas pessoas venham a se converter por intermédio do meu testemunho cristão. Amém.

8 DE DEZEMBRO

Coração íntegro

Pra. Suely Bezerra

Guardei no coração a tua palavra para não pecar contra ti (Sl 119:11).

O salmo 119 é o maior de todo o Saltério, com 176 versículos. Quem o escreveu era, sem dúvida, um amante da palavra de Deus. Dentre tantos versículos, chama a atenção a busca por um coração íntegro, firmado nos ensinamentos de Deus. Por exemplo, o versículo 10 diz: "Eu te busco de todo o coração; não permitas que eu me desvie dos teus mandamentos". Buscar de todo o coração envolve todos os nossos afetos e sentimentos. Se tivermos alguma afeição por qualquer ídolo, podemos fazer muitas orações, mas elas não serão ouvidas. Já no versículo em destaque, vemos que o salmista não se contenta em apenas ouvir ou ler a Palavra, mas manifesta o desejo de guardá-la no coração, como quem guarda um tesouro bem escondido. O salmo nos mostra ainda como meditar na palavra de Deus. "Mesmo que os poderosos se reúnam para conspirar contra mim", isto é, mesmo com lutas e dificuldades (v. 23). E o salmista segue pedindo a Deus que o ajude a compreender as leis divinas (v. 27); declara que ama os mandamentos de Deus (v. 48) e que as ordenanças do passado lhe trazem consolo (v. 52). Tudo isso traz segurança ao autor do salmo (v. 117). O livro de Josué confirma o poder da meditação na Palavra: "Não deixe de falar as palavras deste Livro da Lei e de meditar nelas de dia e de noite, para que você cumpra fielmente tudo o que nele está escrito. Só então os seus caminhos prosperarão e você será bem-sucedido" (Js 1:8).

oração

Pai amado, ensina-me a meditar em tua palavra e guardá-la em meu coração, para que eu seja bem-sucedido em tudo que fizer. Em nome de Jesus, amém.

10 DE DEZEMBRO

A menina dos olhos do Pai

PRA. SUELY BEZERRA

Protege-me como à menina dos teus olhos; esconde-me à sombra das tuas asas (Sl 17:8).

Ao falar em menina dos olhos, o autor se refere a uma parte do corpo bem sensível, de muito valor, e que por isso deve ser bem cuidada. Lembro-me de uma tarde ensolarada de primavera na minha infância, quando meu pai me pegou pela mão dizendo que íamos até a maternidade onde minha mãe estava para ver o presente que havíamos ganhado: meu irmãozinho, que nasceu forte e saudável. Eu estava curiosa para saber com quem ele se parecia. Após a visita, nos despedimos de minha mãe e tomamos o bonde para voltar para casa. Num dado momento, o bonde cheio deu um estouro e começou a pegar fogo. Imediatamente meu pai me pegou e me passou pela janela e me disse para esperá-lo ali mesmo que ele viria me buscar. Naquele tumulto todo, ele conseguiu sair, e lá estava eu, na calçada, com os olhos fixos nele, sabendo que ele viria me pegar. Que alegria eu senti quando o vi me pegar pela mão e me transmitir tanta segurança! Assim é nosso Pai celestial. Ele vê nossa limitação, nossa fragilidade e nos esconde à sombra de suas asas. Ele nos protege como a um bem precioso. Se olharmos para as muitas tragédias deste mundo, viveremos com medo. Mas nosso Pai nos traz segurança e tranquilidade. Deixe de lados seus temores, preocupações e ansiedades. Você tem muito valor aos olhos do Senhor. Creia, confie e descanse nele.

oração

Pai, como é bom saber que não sou só! Tu és meu abrigo, onde posso me refugiar e encontrar a paz. Em nome de Jesus, amém.

12 DE DEZEMBRO

Sono: dádiva de Deus

Pra. Suely Bezerra

Será inútil levantar cedo e dormir tarde, trabalhando arduamente por alimento. O Senhor concede o sono àqueles a quem ama (Sl 127:2).

Todos nós desejamos sentir que somos supridos em nossas necessidades básicas de sustento, alimentação, saúde. Precisamos pagar nossas contas e ter recursos para nos vestir. Muitas vezes, o medo de que nos falte alguma coisa nos faz levantar cedo e dormir tarde, preocupados com o trabalho árduo. No versículo em destaque o salmista não diz que é impróprio levantar cedo, mas que, ainda que façamos isso, somos totalmente dependentes de Deus. Dormir é essencial para uma boa saúde. Os médicos não sabem exatamente por que precisamos do sono, mas sabem o que acontece quando não dormimos o suficiente. Arriscamos envelhecer precocemente, ganhar peso, e ficamos mais sujeitos a doenças. Ocorre um verdadeiro milagre enquanto dormimos — Deus repõe nossas energias, refaz e reconstitui nossas células e reorganiza as informações do nosso cérebro. O sono é uma dádiva de Deus, que deveríamos receber com gratidão. Às vezes somos propensos a acreditar que o nosso trabalho quando estamos acordados é mais importante do que o trabalho que Deus faz enquanto dormimos. No entanto, recusar a dádiva do sono dada por Deus equivale a considerar nosso trabalho mais importante do que o dele. Deus não deseja que sejamos escravos do trabalho; ele quer que desfrutemos dele e de suas dádivas, entre as quais está o sono restaurador.

oração

Senhor, louvo teu nome porque, mesmo enquanto eu durmo, tu cuidas de mim, restauras minha saúde e renova minhas forças. Tu és bom e tua misericórdia dura para sempre. Amém.

14 DE DEZEMBRO

Lições de Deus em tempos de crise

Pra. Suely Bezerra

Lembre-se de como o Senhor, o seu Deus, os conduziu por todo o caminho no deserto, durante estes quarenta anos, para humilhá-los e pô-los à prova, a fim de conhecer suas intenções, se iriam obedecer aos seus mandamentos ou não (Dt 8:2).

Cada vez sabemos menos como lidar com as crises da nossa vida. Há crise na família, na saúde, na educação, na segurança, na moral, na política e, direta ou indiretamente, tudo isso nos afeta. Por outro lado, a Bíblia afirma que "Deus age em todas as coisas para o bem daqueles que o amam" (Rm 8:28). Isso significa que ele toma a maior tragédia e a transforma em bem para nós. O segredo de uma vida poderosa de fé está na capacidade de ver o Senhor agir em todas as coisas para o nosso benefício. A lição que precisamos aprender é a mesma ensinada por Deus aos filhos de Israel no versículo em destaque. Ele disse que os havia levado ao deserto para humilhá-los, para prová-los e para saber o que estava no coração deles. São três oportunidades que temos para crescer sempre que enfrentarmos uma fase ruim. *Primeiro:* os verdadeiros humildes aprendem a dizer com confiança: eu não posso, mas Deus pode. *Segundo:* do mesmo modo que o fogo refina e purifica o ouro, as provas que experimentamos purificam e aprovam nossa experiência com Cristo. *Terceiro:* precisamos verificar constantemente nosso coração, para termos a convicção de que nada poderá nos separar do amor de Deus.

oração

Senhor, ensina-me tuas lições sempre que eu passar pelas crises da vida. Que meu coração esteja sempre sensível à tua voz. Em nome de Jesus, amém.

16 DE DEZEMBRO

Palavra viva

PRA. SUELY BEZERRA

Pois a palavra de Deus é viva e eficaz, e mais afiada que qualquer espada de dois gumes; ela penetra ao ponto de dividir alma e espírito, juntas e medulas, e julga os pensamentos e intenções do coração (Hb 4:12).

Esse texto maravilhoso nos mostra o poder e a eficácia que a Palavra de Deus exerce em nossa vida. A Escritura não contém letras mortas — ela é viva e tem o poder de nos tocar, nos transformar e nos curar. Você se lembra como Jesus venceu a tentação no deserto? Ele apenas dizia a Satanás: "Está escrito". Com toda autoridade, ele proferiu e declarou a Palavra. Jesus havia jejuado por quarenta dias e estava com fome, e o diabo resolveu atacar a mente e as emoções dele, pois queria que ele duvidasse de sua divindade e de sua missão aqui na terra. Tanto que o diabo se dirigia a ele assim: "Se você é o Filho de Deus..." (Lc 4:1-19). O diabo sempre provoca dúvidas. Você crê no que está escrito? Será que acreditamos nas palavras da Bíblia quando lemos que Deus nos amou, morreu em nosso lugar, perdoou nossos pecados, fez de nós novas criaturas e prometeu-nos a eternidade? Cremos que ele nos protege e nos livra de nossas aflições, acalma as tempestades da nossa vida, faz com que o deserto se transforme em lagos, e a terra seca, em fonte de água? Declare as promessas de Deus para sua vida diariamente. Declare a Palavra de Deus e creia no que está escrito. Não é mágica nem poder do pensamento positivo — é o poder de Deus para a salvação de todo aquele que crê.

oração

Obrigado, Pai, por tua Palavra viva e eficaz, que é a bússola que orienta minha vida. Em nome de Jesus, amém.

18 DE DEZEMBRO

Renovando nossa mente

Pra. Suely Bezerra

Não se amoldem ao padrão deste mundo, mas transformem-se pela renovação da sua mente, para que sejam capazes de experimentar e comprovar a boa, agradável e perfeita vontade de Deus (Rm 12:2).

Os tempos do fim têm trazido tanta inversão de valores que às vezes pensamos que o certo está errado e que o errado é que está certo. O versículo em destaque fala sobre transformação, uma mudança que começa na mente. Para experimentarmos essa mudança, precisamos estar ligados a Cristo, como os ramos de uma videira. Jesus declarou: "Eu sou a videira; vocês são os ramos. Se alguém permanecer em mim e eu nele, esse dá muito fruto; pois sem mim vocês não podem fazer coisa alguma" (Jo 15:5). Quando estamos ligados em Cristo, sua palavra renova nossa mente e transforma nossa vida, que se desvincula dos padrões pecaminosos deste mundo. Então nós nos tornamos aptos a conhecer qual é a boa, agradável e perfeita vontade de Deus. Tudo começa com o arrependimento dos pecados (Mt 4:17), depois vem o novo nascimento (2Co 5:17) e só então a renovação da nossa mente tem início, conforme buscamos o nosso Senhor (Cl 3:1). Nunca experimentaremos a verdadeira vontade de Deus se não tivermos uma nova vida nele. O conhecimento bíblico é indispensável se queremos ter uma vida transformada por Deus e experimentar o que ele tem de melhor para nós.

oração

Pai, ajuda-me a entender tua palavra e a ter uma vida santa diante de ti. Só assim poderei experimentar a boa, agradável e perfeita vontade que tens para mim. Em nome de Jesus, amém.

20 DE DEZEMBRO

A felicidade ao alcance de todos

Pra. Suely Bezerra

Aprendi a viver contente em toda e qualquer situação (Fp 4:1, NAA).

Muitas vezes tenho a impressão de que vivemos insatisfeitos, mesmo que a situação ao nosso redor esteja bem. Paulo expressa uma verdade fundamental em sua vida. Ele sabia viver sua realidade, ou seja, ele conseguia ser feliz apesar do que lhe acontecia. É interessante observar essa verdade, já que, em sua maior parte, as igrejas evidenciam que, para experimentar a felicidade, é preciso *ter* e não *ser*. Nunca existiu para o ser humano uma necessidade maior do que a de ser feliz. Ao longo da história, ela é buscada em todos os lugares, de diversas maneiras: drogas, filosofias, prazeres, bens materiais, poder, conquistas, dinheiro etc. Porém, nada disso satisfaz. Nada consegue alegrar permanentemente o coração humano, e o descontentamento tem tornado as pessoas escravas de suas ambições e as tem levado à prática dos mais terríveis crimes. É a insatisfação que inspira guerras, furtos, mortes, mentiras e adultérios. Ao escrever aos cristãos filipenses, Paulo enfatizou a alegria como estilo de vida. A experiência do apóstolo é maravilhosa e aplicável aos dias de hoje. Ele disse que aprendeu a estar contente com o que tinha. O segredo é louvar a Deus em todas as circunstâncias. Quando estamos abatidos ou revigorados. Quando temos fartura ou sentimos fome. A felicidade está ao alcance de todos, basta aplicarmos a recomendação da palavra de Deus e desfrutarmos dos resultados maravilhosos que virão.

oração

Senhor, ensina-me a viver contente e satisfeito, mesmo que a situação ao meu redor não seja a ideal. Que eu seja grato a ti pelos momentos bons e maus. Em nome de Jesus, amém.

22 DE DEZEMBRO

O Natal hoje

PR. CARLOS BEZERRA

Hoje, na cidade de Davi, lhes nasceu o Salvador que é Cristo, o Senhor. Isto lhes servirá de sinal: encontrarão o bebê envolto em panos e deitado numa manjedoura. De repente, uma grande multidão do exército celestial apareceu com o anjo, louvando a Deus e dizendo: "Glória a Deus nas alturas, e paz na terra aos homens aos quais ele concede o seu favor" (Lc 2:11-14).

Se a alegria do Natal for apenas a lembrança do nascimento de Jesus, estaremos apenas sendo saudosistas. Jesus, sendo eterno, não fazia planos provisórios. O que ele fez ainda está valendo até os dias de hoje. Quando ele nasceu, já planejava para muito além, para a eternidade. Portanto, o Natal é o princípio, o nascimento de uma providência divina que nos alcança e nos leva para o futuro com a esperança de vida. O Natal nos faz lembrar de que o projeto do nosso Pai, concebido com o propósito de mudar a vida humana, está em operação. Natal de Cristo é o nascimento da vida em momentos e lugares em que a desordem, a opressão e a miséria parecem prevalecer. Nessas circunstâncias, Jesus surge como a solução. O sobrenatural que aconteceu no passado é tão poderoso que nos alcança e vai muito além de nós. Os efeitos do Natal precisam estar na minha e na sua vida. Com o nascimento de Jesus, a contagem do calendário ocidental foi zerada; houve uma mudança, como se o mundo começasse a existir a partir daquele momento. Não há nada dentro de você ou ao seu redor que Jesus não seja capaz de mudar e de fazer recomeçar. Não se esqueça de que ele o ama com amor eterno.

oração

Senhor Deus, eu te agradeço por enviares teu Filho ao mundo para me libertar e me salvar. Louvado seja teu nome para sempre. Amém.

24 DE DEZEMBRO

A visão do futuro

PRA. SUELY BEZERRA

Porque um menino nos nasceu, um filho nos foi dado, e o governo está sobre os seus ombros. E ele será chamado Maravilhoso Conselheiro, Deus Poderoso, Pai Eterno, Príncipe da Paz (Is 9:6).

Qual é o significado do Natal para nós que conhecemos o evangelho de Cristo? Salvação, perdão e reconciliação? Pois, foi para isso que Jesus veio ao mundo. Durante todo o ano, ele se fez presente em nossa vida através do seu cuidado para conosco. Pudemos testemunhar em todo tempo que a sua promessa tem se cumprido. "E eu estarei sempre com vocês, até o fim dos tempos" (Mt 28:20). O versículo em destaque fala sobre o glorioso presente que recebemos quando nosso Senhor nasceu naquela humilde manjedoura de Belém. Jesus é o maravilhoso conselheiro, porque veio para ser aquele que nos ensina e aconselha. Ele é o Deus poderoso, porque tem todo poder e autoridade. Ele é o Pai eterno, porque nos conduz como filhos à eternidade. Ele é o Príncipe da paz, porque veio para restaurar nosso relacionamento com Deus por meio do seu sacrifício na cruz, oferecendo perdão e reconciliação. Logo depois das comemorações natalinas, um novo ano terá início. Não sabemos o que ele nos reserva, mas temos a certeza de que Jesus estará conosco sempre, nos dias bons e maus, na tempestade ou na bonança, na alegria ou na tristeza. Meu desejo é que você tenha um feliz Natal e um próspero ano novo.

oração

Senhor, eu te agradeço por tua presença e teu cuidado diários. Meu coração celebra tua vinda e tua salvação. Muito obrigado por teu grande amor! Amém.

26 DE DEZEMBRO

As tribulações nos fortalecem

PRA. SUELY BEZERRA

Meus irmãos, considerem motivo de grande alegria o fato de passarem por diversas provações (Tg 1:2).

Ouço diariamente pessoas que falam da tristeza de ter perdido um ente querido para o terrível vírus, pessoas que perderam seus bens, sua saúde e até mesmo a fé. O fato é que cedo ou tarde as provações surgem em nosso caminho. A Carta de Tiago foi escrita a cristãos que estavam sofrendo provações por meio de perseguições. O versículo em destaque parece trazer uma incoerência, mas na sequência do texto o apóstolo ensina que, pela fé, Deus nos capacita e nos fortalece, ajudando-nos a perseverar e a resistir, mesmo que tudo esteja difícil. Você pode ter perdido o emprego ou o próprio negócio, pode ter sido impedido de continuar os estudos ou recebeu um diagnóstico de uma doença grave, mas sua atitude deve ser a de perseverança. Pela fé é possível continuar a caminhar confiando no agir de Deus. Quando persistimos na caminhada cristã com fé, nós nos tornamos maduros e corretos e somos aperfeiçoados em Deus. Veja o que Paulo escreveu sobre esse assunto: "Não só isso, mas também nos gloriamos nas tribulações, porque sabemos que a tribulação produz perseverança; a perseverança, um caráter aprovado; e o caráter aprovado, esperança. E a esperança não nos decepciona, porque Deus derramou seu amor em nossos corações, por meio do Espírito Santo que ele nos concedeu" (Rm 5:3-5). Resumindo, Deus usa as tribulações para fortalecer nossa fé. Não perca a esperança.

oração

Pai amado, como é bom saber que as tribulações que enfrento servem para me tornar mais maduro na fé. Aperfeiçoa-me segundo o teu querer. Em nome de Jesus, amém.

28 DE DEZEMBRO

Incredulidade

PRA. SUELY BEZERRA

Os outros discípulos lhe disseram: "Vimos o Senhor!" Mas ele lhes disse: "Se eu não vir as marcas dos pregos nas suas mãos, não colocar o meu dedo onde estavam os pregos e não puser a minha mão no seu lado, não crerei" (Jo 20:25).

É possível um cristão experimentar momentos de incredulidade? A resposta é sim. Veja o caso de Tomé. Quando a maioria dos discípulos viu Jesus pela primeira vez após a crucificação, Tomé não estava com eles. Quando os outros discípulos lhe contaram o que havia acontecido, Tomé disse que precisava ver as marcas da tortura em Jesus para acreditar. Alguns de nós somos céticos como Tomé foi. É fácil duvidar daquilo que não podemos ver ou tocar. A palavra dúvida implica incerteza, e não deixa de ser uma escolha. Tomé escolheu não acreditar antes de ver com os próprios olhos. Quando finalmente viu o Cristo ressurreto, este lhe disse: "Pare de duvidar e creia" (Jo 20:27). Tomé não foi o único a duvidar (Mt 28:17). Talvez nós também sejamos desconfiados por natureza, querendo provas concretas antes de crer em qualquer coisa. Os inimigos de Jesus escolheram negar sua ressurreição. A maioria dos seguidores de Jesus, entretanto, escolheu crer na realidade da presença do Jesus ressurreto, e isso fez deles destemidos evangelistas. O Cristo vivo é a maior razão de falarmos aos outros sobre a salvação e sobre nossa fé. Nenhuma outra religião pode dizer que seu fundador foi Deus que se fez homem, foi morto e ressuscitou. Mesmo que você seja cético por natureza assim como Tomé, deixe que Cristo o ajude a escolher acreditar.

oração

Pai amado, dou-te graças pela ressurreição de Jesus. Eu escolho caminhar contigo todos os dias da minha vida. Amém.

30 DE DEZEMBRO

Refúgio em Deus

Pra. Suely Bezerra

Mas eu, quando estiver com medo, confiarei em ti (Sl 56:3).

No salmo 56, Davi apresenta ao Senhor Deus uma oração pedindo socorro. Ele está sendo pressionado pelos inimigos, e isso lhe causa medo. Davi declara que os inimigos o pressionam sem parar e o atacam com arrogância. No entanto, o salmista enfrenta as adversidades sabendo que Deus está no controle de tudo, embora não entenda por que tem que ser perseguido e viver assim encurralado. Davi não havia feito nada para merecer tal perseguição. Mas, no meio de toda essa luta, ele declara sua confiança em Deus: *quando estiver com medo, confiarei em ti*, conforme registra o versículo em destaque. Muitas vezes eu e você já nos sentimos perseguidos, com pessoas nos oprimindo, torcendo o que falamos, espionando nossos passos, tentando destruir nossos sonhos, dividindo nossa família. É comum querermos resolver os problemas à nossa maneira, mas Davi achou segurança e tranquilidade diante das ameaças ao depositar sua confiança em Deus. Ele alcançou a fé de que todos nós precisamos, pois no sossego e na confiança em Deus está a nossa força. Davi encerra o salmo com gratidão pelo livramento que Deus lhe deu. Ele diz: "Cumprirei os votos que te fiz, ó Deus; a ti apresentarei minhas ofertas de gratidão. Pois me livraste da morte e os meus pés de tropeçarem, para que eu ande diante de Deus na luz que ilumina os vivos" (Sl 56:12-13). Que sigamos o exemplo do salmista.

oração

Pai querido, enxuga minhas lágrimas e livra meus pés de tropeçar. Que eu saiba confiar em ti quando me vier o temor. Em nome de Jesus, amém.

ANOTAÇÕES

A N O T A Ç Õ E S

ANOTAÇÕES

SUELY BEZERRA é pastora e escritora, com cursos de especialização nas áreas de família e aconselhamento pastoral. Numa trajetória de amor e fé ao lado de seu marido, o pastor Carlos Alberto Bezerra, acumulou experiências tanto na educação e preparação de seus filhos, quanto no estabelecimento da Comunidade da Graça, uma igreja reconhecida pelo seu compromisso com a Palavra de Deus, com a adoração e com a família. É fundadora do ministério Mulheres Intercessoras, uma rede de oração e intercessão que promove treinamento, aconselhamento e ajuda a mulheres de todo o país, e do Projeto MAE, que acompanha, apoia e oferece mentoreamento a pastoras e esposas de pastores.

CARLOS ALBERTO BEZERRA é pastor, conferencista, escritor e fundador da Comunidade da Graça, uma das maiores igrejas evangélicas de São Paulo, fundada há mais de quarenta anos e de grande impacto dentro e fora do país. Formado em Direito, Filosofia, Ciências Contábeis e Teologia, é membro da Academia Paulista Evangélica de Letras, e Cidadão Paulistano e Londrinense. O amor, o serviço, o discipulado e a valorização da família são suas ênfases ministeriais. Pregador apaixonado por Jesus e preletor tanto no Brasil quanto no exterior, tem atuado como expositor bíblico do Evangelho do Reino enfatizando os princípios fundamentais da doutrina dos Apóstolos. É casado há 56 anos com Suely Bezerra.

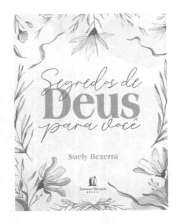

SEGREDOS DE DEUS PARA VOCÊ (Pra. Suely Bezerra)
Um dos grandes mandamentos que Deus nos deixou é: "amem uns aos outros assim como Eu vos amei". Essa tarefa parece simples, mas jamais conseguiremos cumpri-la se não amarmos a Deus em primeiro lugar. Neste diário devocional totalmente interativo, você aprenderá a passar mais tempo com Deus e a fortalecer sua comunhão com Ele. Ao longo de 53 mensagens para serem lidas e aplicadas semanalmente, você descobrirá os segredos que Deus guardou para você a respeito dos seguintes temas: relacionamentos, comunicação, finanças, mordomia, generosidade e Natal. As questões para meditação, leituras bíblicas, reflexões, orações e espaço para anotações que compõem cada devocional irão nortear seus estudos, ajudando-a a guardar os segredos de Deus no coração e a viver a vida que ele sonhou para você. Invista na comunhão com Deus e se torne semelhante a Jesus!

MANDAMENTOS RECÍPROCOS (Pr. Carlos Bezerra)

Toda igreja é, por definição, uma comunidade e como tal é fundamentada em relacionamentos entre muitas pessoas com histórias diferentes, temperamentos singulares, experiências próprias e expectativas diversas. Ainda que tenham a espiritualidade em comum, precisam de parâmetros que proporcionem não apenas uma convivência harmoniosa entre elas, mas também os recursos para que, juntas, desenvolvam-se no amor a Deus e ao próximo, especialmente o irmão de fé. Em *Mandamentos recíprocos*, o experiente pastor Carlos Alberto Bezerra apresenta 25 orientações bíblicas cujo objetivo é colocar em prática a mutualidade que os Evangelhos e as cartas neotestamentárias preconizam. Organizado a partir de uma série de estudos ministrados na igreja Comunidade da Graça, em São Paulo, esse livro explica importância dos mandamentos recíprocos dividindo-os em quatro blocos: os destinados à construção dos relacionamentos entre os irmãos em Cristo; os que se referem à proteção de tais relacionamentos; os que visam a edificação uns dos outros; e os que têm por objetivo estimular o serviço mútuo. Baseando-se puramente nas Escrituras e usando linguagem coloquial, sem "teologuês", o autor traz para a realidade de nossos dias os mesmos princípios que mantiveram a Igreja unida e forte em seus primórdios.

Este livro foi impresso pela Santa Marta, em 2021, para
a Thomas Nelson Brasil. O papel do miolo é pólen
soft 70g/m², e o da capa é couchê 150g/m².

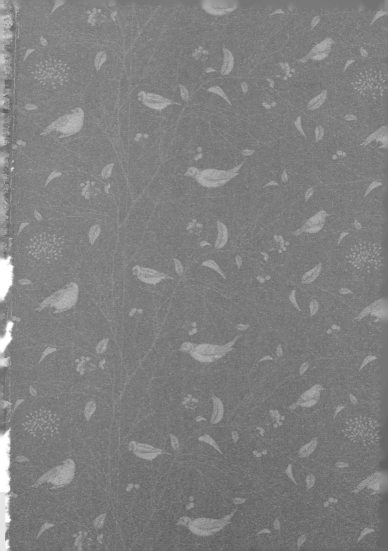